JN122437

東京都の教員採用試験過去問シリーズ⑭

2025年度版

東京都の
論作文・面接

過去問

協同教育研究会 編

協同出版

はじめに～「過去問」シリーズ利用に際して～

教育を取り巻く環境は変化しつつあり，日本の公教育そのものも，教員免許更新制の廃止やGIGAスクール構想の実現などの改革が進められています。また，現行の学習指導要領では「主体的・対話的で深い学び」を実現するため，指導方法や指導体制の工夫改善により，「個に応じた指導」の充実を図るとともに，コンピュータや情報通信ネットワーク等の情報手段を活用するために必要な環境を整えることが示されています。

一方で，いじめや体罰，不登校，暴力行為など，教育現場の問題もあいかわらず取り沙汰されており，教員に求められるスキルは，今後さらに高いものになっていくことが予想されます。

本書の基本構成としては，論作文・面接試験の概要，過去数年間の論作文の過去問題及びテーマと分析と論点，面接試験の内容を掲載しています。各自治体や教科によって掲載年数をはじめ，論作文の書き方や面接試験対策を掲載するなど，内容が異なります。

また原則的には一般受験を対象としております。特別選考等については対応していない場合があります。なお，実際に出題された順番や構成を，編集の都合上，変更している場合があります。あらかじめご了承ください。

みなさまが，この書籍を徹底的に活用し，教員採用試験の合格を勝ち取って，教壇に立っていただければ，それはわたくしたちにとって最上の喜びです。

協同教育研究会

CONTENTS

第1部

論作文・面接試験の概要

論作文試験の概要

論作文試験の意義

近年の論作文では，受験者の知識や技術はもちろんのこと，より人物重視の傾向が強くなってきている。それを見る上で，各教育委員会で論作文と面接型の試験を重視しているのである。論作文では，受験者の教職への熱意や教育問題に対する理解や思考力，そして教育実践力や国語力など，教員として必要な様々な資質を見ることができる。あなたの書いた論作文には，あなたという人物が反映されるのである。その意味で論作文は，記述式の面接試験とは言え，合否を左右する重みを持つことが理解できるだろう。

論作文には，教職教養や専門教養の試験と違い，完全な正答というものは存在しない。読み手は，表現された内容を通して，受験者の教職の知識・指導力・適性などを判定すると同時に，人間性や人柄を推しはかる。論作文の文章表現から，教師という専門職にふさわしい熱意と資質を有しているかを判断しているのである。

論作文を書き手，つまり受験者の側から見れば，論作文は自己アピールの場となる。そのように位置付ければ，書くべき方向が見えてくるはずである。自己アピール文に，教育評論や批判，ましてやエッセイを書かないであろう。論作文は，読み手に自分の教育観や教育への熱意を伝え，自分を知ってもらうチャンスに他ならないのである

以上のように論作文試験は，読み手(採用側)と書き手(受験者)の双方を直接的につなぐ役割を持っているのである。まずはこのことを肝に銘じておこう。

論作文試験とは

文章を書くということが少なくなった現在でも，小中学校では作文，

大学では論文が活用されている。また社会人になっても，企業では企画書が業務の基礎になっている。では，論作文の論作文とは具体的にはどのようなものなのだろうか。簡単に表現してしまえば，作文と論文と企画書の要素を足したものと言える。

小学校時代から慣れ親しんだ作文は，自分の経験や思い出などを，自由な表現で綴ったものである。例としては，遠足の作文や読書感想文などがあげられる。遠足はクラス全員が同じ行動をするが，作文となると同じではない。異なる視点から題材を構成し，各々が自分らしさを表現したいはずである。作文には，自分が感じたことや体験したことを自由に率直に表現でき，書き手の人柄や個性がにじみ出るという特質がある。

一方，作文に対して論文は，与えられた条件や現状を把握し，論理的な思考や実証的なデータなどを駆使して結論を導くものである。この際に求められるのは，正確な知識と分析力，そして総合的な判断力と言える。そのため，教育に関する論文を書くには，現在の教育課題や教育動向を注視し，絶えず教育関連の流れを意識しておくことが条件になる。勉強不足の領域での論文は，十分な根拠を示すことができずに，説得力を持たないものになってしまうからである。

企画書は，現状の分析や把握を踏まえ，実現可能な分野での実務や計画を提案する文書である。新しい物事を提案し認めてもらうには，他人を納得させるだけの裏付けや意義を説明し，企画に対する段取りや影響も予測する必要がある。何事においても，当事者の熱意や積極性が欠けていては，構想すら不可能である。このように企画書からは，書き手の物事への取り組む姿勢や，将来性が見えてくると言える。

論作文には，作文の経験を加味した独自の部分と，論文の知識と思考による説得力を持つ部分と，企画書の将来性と熱意を表現する部分を加味させる。実際の論作文試験では，自分が過去にどのような経験をしたのか，現在の教育課題をどのように把握しているのか，どんな理念を持ち実践を試みようと思っているのか，などが問われる。このことを念頭に置いた上で，論作文対策に取り組みたい。

面接試験の概要

面接試験の意義

論作文における筆記試験では，教員として必要とされる一般教養，教職教養，専門教養などの知識やその理解の程度を評価している。また，論作文では，教師としての資質や表現力，実践力，意欲や教育観などをその内容から判断し評価している。それに対し，面接試験は，教師としての適性や使命感，実践的指導能力や職務遂行能力などを総合し，個人の人格とともに人物評価を行おうとするものである。

教員という職業は，児童・生徒の前に立ち，模範となったり，指導したりする立場にある。そのため，教師自身の人間性は，児童・生徒の人間形成に大きな影響を与えるものである。そのため，特に教員採用においては，面接における人物評価は重視されるべき内容であり，最近ではより面接が重視されるようになってきている。

面接試験とは

面接試験は，すべての自治体の教員採用選考試験において実施されている。最近では，教育の在り方や教師の役割が厳しく見直され，教員採用の選考においても教育者としての資質や人柄，実践的指導力や社会的能力などを見るため，面接を重視するようになってきている。特に近年では，1次選考で面接試験を実施したり，1次，2次選考の両方で実施するところも多くなっている。

面接の内容も，個人面接，集団面接，集団討議(グループ・ディスカッション)，模擬授業，場面指導といったように多様な方法で複数の面接試験を行い，受験者の能力，適性，人柄などを多面的に判断するようになってきている。

最近では，全国的に集団討議(グループ・ディスカッション)や模擬授業を実施するところが多くなり，人柄や態度だけでなく，教員としての社会的な能力の側面や実践的な指導能力についての評価を選考基準として重視するようになっている。内容も各自治体でそれぞれに工夫されていて，板書をさせたり，号令をかけさせたりと様々である。

このように面接が重視されてきているにもかかわらず，筆記試験への対策には，十分な時間をかけていても，面接試験の準備となると数回の模擬面接を受ける程度の場合がまだ多いようである。

面接で必要とされる知識は，十分な理解とともに，あらゆる現実場面において，その知識を活用できるようになっていることが要求される。知っているだけでなく，その知っていることを学校教育の現実場面において，どのようにして実践していけるのか，また，実際に言葉や行動で表現することができるのか，といったことが問われている。つまり，知識だけではなく，智恵と実践力が求められていると言える。

なぜそのような傾向へと移ってきているのだろうか。それは，いまだ改善されない知識偏重の受験競争をはじめとして，不登校，校内暴力だけでなく，大麻，MDMA，覚醒剤等のドラッグや援助交際などの青少年非行の増加・悪質化に伴って，教育の重要性，教員の指導力・資質の向上が重大な関心となっているからである。

今，教育現場には，頭でっかちのひ弱な教員は必要ない。このような複雑・多様化した困難な教育状況の中でも，情熱と信念を持ち，人間的な触れ合いと実践的な指導力によって，改善へと積極的に努力する教員が特に必要とされているのである。

面接試験のねらい

面接試験のねらいは，筆記試験ではわかりにくい人格的な側面を評価することにある。面接試験を実施する上で，特に重視される視点としては次のような項目が挙げられる。

① 人物の総合的評価　面接官が実際に受験者と対面することで，容姿，態度，言葉遣いなどをまとめて観察し，人物を総合的に評価することができる。これは面接官の直感や印象によるところが大きい

が，教師は児童・生徒や保護者と全人的に接することから，相手に好印象を与えることは好ましい人間関係を築くために必要な能力と言える。

② 性格・適性の判断　面接官は，受験者の表情や応答態度などの観察から性格や教師としての適性を判断しようとする。実際には，短時間での面接のため，社会的に，また，人生の上でも豊かな経験を持った学校長や教育委員会の担当者などが面接官となっている。

③ 志望動機・教職への意欲などの確認　志望動機や教職への意欲などについては，論作文でも判断することもできるが，面接では質問による応答経過の観察によって，より明確に動機や熱意を知ろうとしている。

④ コミュニケーション能力の観察　応答の中で，相手の意思の理解と自分の意思の伝達といったコミュニケーション能力の程度を観察する。中でも，質問への理解力，判断力，言語表現能力などは，教師として教育活動に不可欠な特性と言える。

⑤ 協調性・指導性などの社会的能力(ソーシャル・スキル)の観察　ソーシャル・スキルは，教師集団や地域社会との関わりや個別・集団の生徒指導において，教員として必要とされる特性の一つである。これらは，面接試験の中でも特に集団討議(グループ・ディスカッション)などによって観察・評価されている。

⑥ 知識・教養の程度や教職レディネスを知る　筆記試験において基本的な知識・教養については評価されているが，面接試験においては，さらに質問を加えることによって受験者の知識・教養の程度を正確に知ろうとしている。また，具体的な教育課題への対策などから，教職への準備の程度としての教職レディネス(準備性)を知る。

第２部

東京都の
論作文・面接
実施問題

2024年度　論作文実施問題

【全校種・１次試験】　70分　910字以上1,050字以内

●テーマ

各学校では，児童・生徒一人一人のよい点や可能性を引き出し伸ばす教育が求められています。
このことについて，あなたの考えを述べた上で，その考えに立ち，教師としてどのように取り組んでいくか，志望する校種と教科等に即して，26行(910字)を超え，30行(1,050 字)以内で述べなさい。

●方針と分析

(方針)

学校教育において，児童・生徒一人一人のよい点や可能性を引き出し伸ばすことがなぜ重要なのか，これからの時代に求められる資質・能力を踏まえて論じる。そのうえで，どのようにしてよい点や可能性を引き出し，伸ばす教育を進めていくかを述べる。

(分析)

令和3年1月26日に示された中央教育審議会の答申「『令和の日本型学校教育』の構築を目指して」には，「全ての子供たちの可能性を引き出す，個別最適な学びと，協働的な学びの実現」という副題がつけられている。答申では，Society5.0 時代を見据え「一人一人の児童生徒が，自分のよさや可能性を認識するとともに，あらゆる他者を価値のある存在として尊重し，多様な人々と協働しながら様々な社会的変化を乗り越え，豊かな人生を切り拓き，持続可能な社会の創り手となることができるよう，その資質・能力を育成することが求められている」という認識を示したうえで，「子供一人一人の興味や関心，発達や学習の課題等を踏まえ，それぞれの個性に応じた学びを引き出し，一人一人の資質・能力を高めていくことが重要であり，各学校が行う進路指導や生徒指導，学習指導等についても，子供一人一人の発達を支え，資質・能力を育成するという観点からその意義を捉え直し，充実を図っていくことが必要である」としている。

東京都教育委員会でも，「子供たちに未来の創り手となるために必要な資質能力を育む—指導と評価の一体化を目指して—」という冊子を編集し配布した。それによると，指導と評価の一体化に関して「学習評価を行うに当たっては，いわゆる評価のための評価に終わることなく，教師が児童・生徒一人一人のよい点や進歩の状況などを積極的に評価し，学習したことの意義や価値を実感できるようにすることで，自分自身の目標や課題をもって学習を進めることができるようにすることが大切です」と述べている。また，「学びに向かう力，人間性等」に関わる評価に関して，「『感性や思いやり』など児童・生徒一人一人のよい点や可能性，進歩の状況などについては，積極的に評価し，児童・生徒に伝えることが重要です」と述べていることにも着目したい。すなわち，設問の「児童・生徒一人一人のよい点や可能性を引き出し伸ばす教育」は，学習指導要領が求める「これからの時代に求められる資質・能力」を育成する教育に他ならないのである。したがって，具体的な取組みとしては，指導と評価の一体化に加えて，中央教育審議会などが示す主体的・対話的で深い学び，個別最適な学びといった方法が考えられるだろう。

●作成のポイント

全体を序論・本論・結論の三部構成で論述する。

序論では，児童・生徒一人一人のよい点や可能性を引き出し伸ばすことの重要性について，社会的背景やこれからの時代に求められる資質・能力を踏まえて論述する。その際，令和3年1月26日の中央教育審議会答申が指摘している「集団の中で個が埋没してしまうことのないよう」「一人一人のよい点や可能性を生かすことで，異なる考え方が組み合わさり，よりよい学びを生み出す」ことの重要性を指摘したい。この序論は，7行(245字)程度で論じたい。

本論では，児童・生徒一人一人のよい点や可能性を引き出し伸ばすための具体的な方策を，受験する校種に即して2つ程度に整理して論述する。その際，単なる解説ではなく，あなたの経験に基づいて具体的な実践がイメージできるような取組みを述べることが必要である。先の答申が示している2020年代を通じて実現すべき「令和の日本型学校教育」の姿である「指導の個別化」と「学習の個性化」などを参考にするとよいだろう。この本論では，2つ程度に整理した具体的な方策について各10行(350字)程度で論じるようにする。

結論では，本論で取り上げた方策を貫く基本的な考え方や本論で取り上げられなかった視点などを述べるとともに，これまで以上に子供の成長やつまずき，悩みなどの理解に努めながら児童・生徒一人一人のよい点や可能性を引き出し伸ばす教育を推進していくことを3行(105文字)程度で力強く述べてまとめとする。

2023年度　論作文実施問題

【小学校全科(理科コース，英語コースを含む)・(1次試験)】70分　1,050字以内

●テーマ

(一般選考/適性選考/特例選考④/特別選考(6)/ 大学推薦)
次の記述を読み，下の問題について，論述しなさい。
(特例選考①/②/③)
次の記述を読み，下の問題について，あなたのこれまでの教員経験から得た成果や課題を踏まえて，論述しなさい。
(特例選考⑥)
次の記述を読み，下の問題について，あなたのこれまでの社会人としての経験を踏まえて，論述しなさい。

あなたは，第5学年の学級担任である。
年度初めの学年会における話合いの中で，学年主任から，「授業には真面目に取り組みますが，自ら進んで，学習する意欲に課題が見られます。」と報告があった。また，他の教員からは，「自分から興味・関心をもって学習し，疑問を調べて解決することに消極的ですね。」や「当番や係などの活動でも，もっと自分なりに工夫して積極的に取り組ませたいですね。」という意見もあった。
まとめに，学年主任から今年度の学年経営の方針の一つとして，「自主的，自発的に学習したり活動したりする力を育む」が示された。
学年会終了後，学年主任からあなたに，「先ほどの学年経営の方針に基づいて，学級経営の重点をどこに置き，どのように取り組んでいくか，具体的に考える必要がありますね。」と話があった。

〈問題〉

この事例の学校において，あなたは学級担任としてどのように学級経営を行っていくか，課題を明確にした上で，具体的な方策を二つ挙げ，それぞれ10行(350字)程度で述べなさい。また，まとめを含め，全体で30行(1,050字)以内で論述しなさい。ただし，26行(910字)を超えること。

●方針と分析

(方針)

「自主的，自発的に学習したり活動したりする力を育む」という学年経営方針の下，生徒児童が自ら意欲的に学習する態度を育むため，学級担任としてどのような指導を行っていくか，その具体的な方策を述べる。

(分析)

「自主的，自発的な学習」，いわゆる「アクティブ・ラーニング」については，調べ学習やグループ学習，ディスカッションやプレゼンテーションなどを通じた発表や議論の場を増やすことで，発言機会とトレーニング，情報発信や提供，問題解決策の提示といった，自主的に調べ考える機会を与える実践的な授業の取組等が挙げられる。具体的な取組については各教科担任との連携や協力体制が必要であるが，学級担任としてのアクティブ・ラーニングの指導機会については，生活の時間(ホームルーム)や総合的な学習の時間などを活用した生徒児童への生活指導が考えられるだろう。

学級担任として生徒児童の自主的・自発的な生活態度を把握する観点としては，①家庭や学校での学習態度，②毎日の運動や体力づくり，③基本的生活習慣，④友達との関わり，⑤挨拶やけじめなどの道徳性，⑥係や委員，清掃当番などの学級活動が挙げられる。そこで，こうした点について，生徒児童自身がワークシートやレーダーチャートなどをもとに，どの点をどこまで自主的・自発的にやれているかを自己評価し，学級担任はそのデータ結果をもとに，どこをどう改善すればよいか，個別にチェック・指導を行うといった方法が考えられるだろう。

あるいは音楽会や運動会などの学校行事の際に，クラス単位で出し物を考える等の話し合いの場で，ブレインストーミングのワークシートやカードなどを活用して，グループごとに相談や発表，提案をまとめさせ，学級担任として総合評価やアドバイスを行うといった取組も想定できるだろう。

●作成のポイント

「序論・本論・結論」の一般的な3部構成で論文をまとめるとよい。序論では，小学校高学年を想定した「自主的，自発的に学習したり活動したりする力を育む」という経営方針の意図する内容と，それに向けた学級担任としての役割をまとめる。本論では，具体的な取組事例を2つ挙げ，それぞれの活動のプロセスについて説明する。結論では，それらの活動から期待される成果をまとめる。

字数については，1,050 字以内の制限が与えられており，本論の具体的方策で350 字×2＝700字を使用するため，残りの300字を序論と結論にあて，それぞれ簡潔に記述することが求められる。

【小学校全科以外・(1次試験)】70分　1,050字以内

●テーマ

次のA，Bのうちから１題を選択して，論述しなさい。また，解答用紙には，選択した問題の記号のA又はB欄に○印を記入すること。

A

(特例選考④/特別選考(3)/特別選考(4)/特別選考(5)/特別選考(6))

次の記述を読み，下の問題について，論述しなさい。なお，志望する校種等に即して記述中の「生徒」は，「児童」と置き換えること。

(特例選考①/②/③)
次の記述を読み，下の問題について，あなたのこれまでの教員経験から得た成果や課題を踏まえて，論述しなさい。なお，志望する校種等に即して記述中の「生徒」は，「児童」と置き換えること。
(特例選考⑥)
次の記述を読み，下の問題について，あなたのこれまでの社会人としての経験を踏まえて，論述しなさい。なお，志望する校種等に即して記述中の「生徒」は，「児童」と置き換えること。

年度初めの職員会議で，教務主任から，「昨年度に実施した生徒アンケートで，進度が自分に合っていないと回答した生徒が少なくありませんでした。」と報告があった。また，複数の教科主任からは，「自分に合った勉強方法を見付けられていない生徒が多いですね。」や「生徒の特性を十分理解した指導を行う必要がありますね。」という意見もあった。

最後に，教務主任から，今年度の各教科等の指導における重点事項の一つとして，「個に応じた指導の充実を図る」が示された。

職員会議終了後，教務主任からあなたに，「先ほどの重点事項に基づいて，どのように学習指導に取り組んでいくか，具体的に考える必要がありますね。」と話があった。

＜問題＞
この事例の学校において，あなたはどのように学習指導に取り組んでいくか，志望する校種と教科等に即して，課題を明確にした上で，具体的な方策を二つ挙げ，それぞれ10行(350字)程度で述べなさい。また，まとめを含め，全体で30 行(1,050字)以内で論述しなさい。ただし，26行(910字)を超えること。

B

(特例選考④/特別選考(3)/特別選考(4)/特別選考(5)/特別選考(6))

次の記述を読み，下の問題について，論述しなさい。なお，志望する校種等に即して記述中の「生徒」は，「児童」と置き換えること。

(特例選考①/②/③)

次の記述を読み，下の問題について，あなたのこれまでの教員経験から得た成果や課題を踏まえて，論述しなさい。なお，志望する校種等に即して記述中の「生徒」は，「児童」と置き換えること。

(特例選考⑥)

次の記述を読み，下の問題について，あなたのこれまでの社会人としての経験を踏まえて，論述しなさい。なお，志望する校種等に即して記述中の「生徒」は，「児童」と置き換えること。

あなたは，生活指導・保健指導部に所属している。

年度初めの生活指導・保健指導部会で，生活指導主任から，「昨年度に実施した生徒アンケートで，話合いで自分なりの意見を言うことが苦手な生徒が多いことが分かりました。」と報告があった。また，各学年の生活指導担当の教員からは，「話合いがまとまらないことがよくあります。」や「自分の考えと異なる様々な意見を比較しながら，新たなものを協力して生み出していくことも大切ですね。」という意見もあった。

最後に，生活指導主任から，今年度の生活指導・保健指導部の重点事項の一つとして，「多様な考えを認め合い，合意を目指して話し合う態度の育成を図る」が示された。

部会終了後，生活指導主任からあなたに，「先ほどの重点事項に基づいて，どのように指導に取り組んでいくか，具体的に考える必要がありますね。」と話があった。

<問題>
　この事例の学校において，あなたはどのように指導に取り組んでいくか，志望する校種に即して，課題を明確にした上で，具体的な方策を二つ挙げ，それぞれ10行(350字)程度で述べなさい。また，まとめを含め，全体で30行(1,050字)以内で論述しなさい。ただし，26行(910字)を超えること。

●方針と分析

(方針)

A　各教科等の指導において「個に応じた指導の充実を図る」という重点事項の下，生徒個人の能力や特性に応じた「学習進度」を図るため，どのような指導に取り組んでいくか，自身が教員として志望する校種と教科等に即して，具体的な方策を述べる。

B　生活指導・保健指導部において「多様な考えを認め合い，合意を目指して話し合う態度の育成を図る」という重点事項の下，児童生徒個人の意見を尊重しながら話し合いを通じて解決を図るという態度の育成に向けて，どのような生活指導が有効か，志望する校種に即して，具体的な方策を述べる。

(分析)

A　新学習指導要領においては，たとえば中学校については，個別指導やグループ別指導に加えて「学習内容の習熟の程度に応じた指導」が例示されている。また，選択教科については，生徒の能力・適性，興味・関心等に応じ，一層多様な学習活動ができるよう「補充的な学習」や「発展的な学習」が例示されている。これに伴い，全国の学校では「課題別，興味・関心別」の授業や「少人数指導」「複数の教員が協力して行う指導（TT)」等が浸透してきている。その一方で，習熟の程度に応じたクラス編成指導を行っているケースはまだ十分ではない，との調査結果が公表されている。そこで，自身の担当教科の中で成果が上がることが期待できる個別・少人数指導やグループ別指導の方法論，補充学習や発展学習，課題別学習の取組事例を展開することを中心に据えつつ，自身が教科担任としてどのような創意工夫を行うか，自身のオリジナルなアイデアや実際の成功事例を引用するとよい。

B　学校における生活指導の場として，ホームルームや学級活動，生徒会活動などがある。それらの活動の相談や話し合いの場において，生徒児童が互いの意見を尊重し，多様な考えを認めながら合意を目指して話し合う態度を身につけるための方策を考えるという趣旨で記述することが考えられる。生徒個人は，誰もが対等に意見を表明できるとは限らない。そこで生活指導担当者として，実際の話し合いの実践場面において，どういう場合にどういう態度をとるべきなのか，とるべきでないのかを的確にアドバイスし，意見をフォローするといった配慮が求められる。

●作成のポイント

課題A・Bともに「序論・本論・結論」の一般的な3部構成でまとめるとよい。

課題Aの場合，序論では，各教科等の指導において「個に応じた指導の充実を図る」ことの意義や背景についてまとめる。本論では，自身が担当する学年の生徒児童を想定し，各教科等の指導において「個に応じた指導の充実を図る」ための具体的な取組事例を2つ挙げ，それぞれの活動のプロセスについて説明する。結論では，それらの活動から期待される成果と課題をまとめる。課題として「習熟度別授業編成」の必要性について触れるのもよいだろう。

課題Bの場合，序論では，学校生活において「多様な考えを認め合い，合意を目指して話し合う態度の育成を図る」ことの意義や背景についてまとめる。本論では，自身が担当する学年の生徒児童を想定し，学校活動の具体的場面において「多様な考え方を認め，合意を目指して話し合う態度を育成する」ための具体的な取組事例を2つ挙げ，それぞれの活動のプロセスについて説明する。結論では，それらの活動から期待される成果と課題をまとめる。

いずれの課題についても，1,050 字以内の字数制限が与えられており，本論の具体的方策で350字×2＝700字使用するため，残りの300字を序論と結論にあて，それぞれ簡潔に記述することが求められる。

2022年度　論作文実施問題

【小学校全科(理科コース，英語コースを含む)・(1次試験)】70分　1,050字以内

●テーマ

(一般選考/適性選考/特例選考④/特別選考(4)/(5)/大学推薦)
　次の記述を読み，下の問題について，論述しなさい。
(特例選考①～③)
　次の記述を読み，下の問題について，あなたのこれまでの教員経験から得た成果や課題を踏まえて，論述しなさい。
(特例選考⑥)
　次の記述を読み，下の問題について，あなたのこれまでの社会人としての経験を踏まえて，論述しなさい。

　あなたは，第5学年の学級担任である。
　年度初めの学年会で，昨年度の児童の課題に関する引継事項として，学年主任から，「学習面では，授業のめあてを達成できない児童がいる一方で，めあてに到達すると，それ以上は，取り組まない児童がいます。また，生活面では，相手の身になって考えることが苦手な児童が多く見られます。」と報告があった。
　この引継事項を踏まえ，話合いを行った結果，学年主任から，「今年度の学年経営の方針を，『教師と児童との信頼関係を築き，児童相互のよりよい人間関係を育てる』とします。」と示された。
　学年会終了後，学年主任からあなたに，「先ほどの学年経営の方針に基づいて，主に集団の場面で，必要な指導や援助を具体的にどのように行えば学級経営の充実が図れるか，一緒に考えてみませんか。」と話があった。

〈問題〉
学年主任の発言を受けて，あなたなら学級担任としてどのように学級経営を行っていくか，学習面と生活面について具体的な方策を一つずつ挙げ，それぞれ10行(350字)程度で述べなさい。その際，その方策を考える上での問題意識を明確にし，全体で30行(1,050字)以内で論述しなさい。ただし，26行(910字)を超えること。

●方針と分析

(方針)

集団の場面でどのような指導や援助を行えば，今年度の学年経営の方針を踏まえての学級経営の充実を図ることができるか，学習面と生活面に分けて具体的な方策を考察する。

(分析)

問題文で言及している引継事項では，生活面については「相手の身になって考えることが苦手」な児童が多いということ，また学習面では，授業のめあてを達成できない児童がいる一方で，めあてに到達すると，それ以上は，取り組まない児童がいる旨が指摘されている。このことから，この学年の児童は周囲の人のことをあまり考えず，授業のめあてを達成した児童はそうでない児童を手助けしないという学級の現状が透けて見える。このことに問題意識を持ち，学級経営の充実を図る必要がある。

具体的な方策を考えるうえで参考になるのは，小学校学習指導要領解説総則編第1章第4節1の「(1)学級経営，児童の発達の支援」の解説箇所である。ここでは，児童の発達支援のためには教師による「ガイダンスとカウンセリングの機能の充実」が重要であると述べられており，「児童の規範意識を育成するため，必要な場面では，学級担任の教師が毅然とした対応を行いつつ，相手の身になって考え，相手のよさを見付けようと努める学級，互いに協力し合い，自分の力を学級全体のために役立てようとする学級，言い換えれば，児童相互の好ましい人間関係を育てていく上で，学級の風土を支持的な風土につくり変えていくことが大切である」こと，また，「集団の一員として，一人一人の児童が安心して自分の力を発揮できるよう，日ごろから，児童に自己存在感や自己決定の場を与え，その時その場で何が正しいかを判断し，自ら責任をもって行動できる能力を培うことが大切である」ことが示されている。この部分を参考に，学習面あるいは生活面においての具体的な方策を考えたい。

●作成のポイント

「序論・本論・まとめ」という一般的な3部構成で論文を作成するとよいだろう。まず，序論として，具体的な方策を考える上での問題意識を250字程度で示す。次に，本論で，その具体的な方策を，学習面及び生活面に分けてそれぞれ350字程度で記述する。例えば，学習面では協働学習を積極的に取り入れることや，生活面では特別活動においてできるだけ多くのグループ活動を取り入れることが考えられるだろう。最後に，まとめとして，児童との信頼関係に基づいた学級経営を充実させるために，適切なガイダンスとカウンセリングへの意欲を100字程度で示したい。

【小学校全科以外・(1次試験)】70分　1,050字以内

●テーマ

次のＡ，Ｂのうちから1題を選択して，論述しなさい。また，解答用紙には，選択した問題の記号を○印で囲むこと。

Ａ

(一般選考/適性選考/特例選考④/特別選考(2)～(5)/大学推薦)

次の記述を読み，下の問題について，論述しなさい。

(特例選考①～③)

次の記述を読み，下の問題について，あなたのこれまでの教員経験から得た成果や課題を踏まえて，論述しなさい。

(特例選考⑥)

次の記述を読み，下の問題について，あなたのこれまでの社会人としての経験を踏まえて，論述しなさい。

年度初めの職員会議で，教務主任から，昨年度末に実施した生徒アンケートでは，「自分の考えや質問を述べて，積極的に授業に参加している」や「根拠や理由を明確にして自分の考えを述べることができる」に肯定的な回答をした生徒が少なかったこと，また，教科主任会では，複数の教科主任から，「授業で学んだ内容を自分なりに解釈したり，これまで学習した知識と結び付けて自分の考えを形成したりすることができていない」ことが課題として挙げられたとの報告があった。

その上で，教務主任から，「今年度，各教科等の指導において，『言語活動の充実を図り，言語能力の向上を目指す』を重点事項にしたいと思います。」と示された。

職員会議終了後，教務主任からあなたに，「先ほどの重点事項に基づいて，どのように学習指導に取り組んでいくか，具体的に考える必要がありますね。」と話があった。

〈問題〉

教務主任の発言を受けて，あなたならどのように学習指導に取り組んでいくか，志望する校種と教科等に即して，具体的な方策を二つ挙げ，それぞれ10行(350字)程度で述べなさい。また，その方策を考える上での問題意識を明確にし，全体で30行(1,050字)以内で論述しなさい。ただし，26行(910字)を超えること。

B

(一般選考/適性選考/特例選考④/特別選考(2)～(5)/大学推薦)

次の記述を読み，下の問題について，論述しなさい。

(特例選考①～③)

次の記述を読み，下の問題について，あなたのこれまでの教員経験から得た成果や課題を踏まえて，論述しなさい。

(特例選考⑥)

次の記述を読み，下の問題について，あなたのこれまでの社会人としての経験を踏まえて，論述しなさい。

あなたは，生活指導・保健指導部に所属している。

年度初めの生活指導・保健指導部会で，生活指導主任から，全校生徒を対象に行った学校生活アンケートでは，「自分には，良いところがある」に否定的な回答が多く見られたこと，また，各学年の生活指導担当の教員からは，「苦手なことは，挑戦せずに避けようとする生徒が多く見られる」や「学校生活の様々な場面で，自分にはできないとあきらめる生徒が多い」ことが課題として挙げられたとの報告があった。

その上で，生活指導主任から，「今年度，生活指導・保健指導部として，『生徒の自己肯定感を高められるよう，生活指導の充実を図る』

を重点事項にしたいと思います。」と示された。

部会終了後，生活指導主任からあなたに，「先ほどの重点事項に基づいて，生活指導・保健指導部の一員として，どのように指導に取り組んでいくか，具体的に考える必要がありますね。」と話があった。

〈問題〉

生活指導主任の発言を受けて，あなたならどのように児童・生徒の指導に取り組んでいくか，志望する校種に即して，具体的な方策を二つ挙げ，それぞれ10行(350字)程度で述べなさい。また，その方策を考える上での問題意識を明確にし，全体で30行(1,050字)以内で論述しなさい。ただし，26行(910字)を超えること。

●方針と分析

(方針)

A　各教科等の指導において「言語活動の充実を図り，言語能力の向上を目指す」ことについて，どのように学習指導に取り組んでいくか，志望する校種と教科等に即して，具体的な方策を考察する。

B　生活指導・保健指導部の一員として，生徒の自己肯定感を高めるにはどのような生活指導が有効かについて，志望する校種に即して，具体的な方策を考察する。

(分析)

A　新学習指導要領では，創造的・論理的思考の側面，感性・情緒の側面，他者とのコミュニケーションの側面から「言語能力とは何か」が整理され，国語科の目標や内容の見直しが図られた。同解説総則編では，言語活動を「言語能力を育成するとともに，各教科等の指導を通して育成を目指す資質・能力を身に付けるために充実を図るべき学習活動」であると位置づけ，特に言葉を直接の学習対象とする国語科の果たす役割は大きいとし，同時に読書を重要な言語活動の一つとして取り上げている。言語能力の向上に関する具体的指導例については，東京都教職員研修センター紀要第11号「言語活動の充実に関する研究(2年次)」(平成23年度)の関連資料として掲載されているパンフレット「言語活動の充実に向けて～教科の特性を生かした言語活動と指導計画～」が参考になるだろう。本資料では，言語活動を充実させるためには，指導計画に「言語活動としての要素」と「言語活動を支える基盤」を位置づけることが必要であると示されている。「言語活動としての要素」として「自己の思考」,「伝え合い」,「思考のまとめ」の3つが,「言語活動を支える基盤」のとして「基本的事項の理解」,「学習情報の獲得」の2つが挙げられている。以上を踏まえて本問を見てみると，生徒アンケートや教科主任会等で把握された課題からは，特に「言語活動としての要素」を，より指導計画に盛り込む必要があるという問題意識を持つことが求められているといえる。

次に，その具体的な方策であるが,「言語活動としての要素」として「自己の思考」,「伝え合い」,「思考のまとめ」の3つが指摘されているので，この3つに分けて考察することが考えられる。本資料には，中学校国語の実践事例として，客観的，分析的に読み進める「文章の解釈」における言語活動の位置づけ方について,「要素Ⅰ　自己の思考」として文章の叙述を基に場面や登場人物の設定について自分の考えを持つ,「要素Ⅱ　伝え合い」として自分の考えをグループで伝え合う,「要素Ⅲ　思考のまとめ」としてノートに修正点や新たな考えを書き加えるなどの実践例が紹介されている。こうした実践例などを参考にし，また，新学習指導要領解説総則編に示されているように読書活動を取り上げたりしながら，自らが志望する校種と教科等に即してその具体的な方策を考察したい。

B　本問には，児童生徒が抱える課題が示されており，その課題を踏まえて，その具体的な方策を考える上での問題意識を明確にすることも求められている。児童生徒が抱える課題とは，アンケートの「自分には，良いところがある」という項目について否定的な回答が多く見られたこと，苦手なことは避けようとする生徒が多く見られること等である。したがって，生徒の自己肯定感が低いため，自己肯定感を高めることができるような取り組みを積極的に行わなければならない旨を問題意識として示すのが妥当であると思われる。

具体的な方策であるが，この点について参考になるのは，東京都教職員研修センター紀要第11号「自尊感情や自己肯定感に関する研究(第4年次)」(平成23年度)に掲載されている関連資料「自信　やる気　確かな自我を育てるために」(子供の自尊感情や自己肯定感を高める指導資料【発展編】)である。本資料の「Ⅰ　子供の自尊感情や自己肯定感を高めるためのＱ＆Ａ」には，自尊感情や自己肯定感が高い傾向にある子供は，進路の目標が明確で，友人関係も良好である一方，学習への意欲や理解度が低い子供や問題行動が見られる子供は，自尊感情や自己肯定感が低い傾向にあることが指摘されている。その上で，学校・家庭・地域など，子供との関わりを持つ人々が，意図的・計画的・組織的に指導を行ったり，適切に働きかけたりしていくことで，自尊感情は高まる旨も指摘されている。さらには，中学校での取り組みとして，「よさを認め評価する」として学校生活の様々な場面で生徒のよさを見付け，そのよさを価値付けたり，他者からの評価を受ける場面を設定したりして，生徒自身が自分のよさに気付くことができるようにすること，「努力したことを評価し，次の活動につなげる」として生徒のアイデアを生かした取組を認め，賞賛し，意欲を高めて次の活動につなげられるよう助言すること，「自分の役割に責任を持たせる」として生徒が自主的・自発的に活動する場面を設定し，生徒が責任をもって最後まで取り組めるよう生徒を励まし，生徒に達成感や充実感を持たせるようにすることなどが説明されている。また，新学習指導要領解説総則編には，「これからの学校には，急速な社会の変化の中で，一人一人の生徒が自分のよさや可能性を認識できる自己肯定感を育むなど，持続可能な社会の創り手となることができるようにすることが求められる」(第1章　総説)と明記され，「学校教育の一環として行われる部活動は，異年齢との交流の中で，生徒同士や教員と生徒等の人間関係の構築を図ったり，生徒自身が活動を通して自己肯定感を高めたりするなど，その教育的意義が高いことも指摘されている」(第3章　教育課程の編成及び実施)と示されている。こうした記述を踏まえて，各自志望する校種に即して，その具体的方策を考察したい。

●作成のポイント

A・Bともに,「序論・本論・まとめ」という一般的な構成で論文を作成することが考えられる。序論では，どのような問題意識に基づいて具体的な方策を考えるかを250字程度で示す。Aでは言語活動としての要素をより指導計画に盛り込む必要があるということ，Bでは生徒の自己肯定感を高めることができるような積極的な取り組みが必要であることを問題意識として提示する。次に，本論で，問題解決のための具体的な方策を二つ挙げ，各350字程度で論述する。まとめでは，Aは学校教育における言語活動の充実と言語能力の向上，Bは生徒の自己肯定感向上の目的と意義を踏まえ，教師として意欲的に取り組む姿勢を100字程度で記述したい。

2021年度　論作文実施問題

【小学校全科(理科コース，英語コースを含む)・(1次試験)】70分　1,050字以内

●テーマ

(一般選考/適性選考/大学推薦/特例選考④/特別選考(5)/(6))
　次の記述を読み，下の問題について，論述しなさい。
(特例選考①～③)
　次の記述を読み，下の問題について，あなたのこれまでの教員経験から得た成果や課題を踏まえて，論述しなさい。
(特例選考⑥)
　次の記述を読み，下の問題について，あなたのこれまでの社会人としての経験を踏まえて，論述しなさい。

　あなたは，第5学年の学級担任である。
　年度初めの学年会で，学年主任から，「昨年度の児童の学習や生活における課題について，次のような引継ぎを受けました。学習に関するアンケートの，『苦手なことにも取り組みましたか。』という項目では，否定的な回答が多くみられました。また，昨年度の学年主任からは，係や当番を決める際に興味はあるが一歩踏み出せず今まで経験したことのある係を選ぶ児童や，クラス全体の場で自分の考えをうまく伝えられず発表することが苦手だと考える児童が多いとのことでした。そこで，今年度の学年経営の方針は，『学校生活において，失敗を恐れず苦手なことや初めて取り組むことに挑戦する態度を育てる。』にしたいと思います。」と報告があった。
　学年会終了後，学年主任からあなたに，「先ほどの学年経営の方針に基づいて，学級経営の重点をどこに置き，どのように取り組んでいくか，具体的に考える必要がありますね。」と話があった。

〈問題〉

学年主任の発言を受けて，あなたなら学級担任としてどのように学級経営を行っていくか，「学習指導」と「生活指導」について具体的な方策を一つずつ挙げ，それぞれ10行(350字)程度で述べなさい。また，その方策を考える上での問題意識やまとめを明確に書き，全体で30行(1,050字)以内で述べなさい。ただし，26行(910字)を超えること。

●方針と分析

(方針)

児童自身が苦手な課題に取り組むことができるよう，小学校第5学年における学級担任として「学習指導」「生活指導」のそれぞれの具体策を示す。

(分析)

国は小学校の各学年の教育課程において「キャリア教育」の推進を進めており，小学校高学年においては，設問にあるとおり「苦手なこと・初めて挑戦することに対して失敗を恐れずに取り組むことで，集団の中で役立つ喜び・自分への自信になること」を目標としている。

たとえば小学校高学年においては学級委員，学校行事の運営，委員会活動，集団活動のリーダーなどの役割が与えられる中で自分の責任を果たすこと，場合によっては，苦手な役割や初めて挑戦する役割を受けもつことにより，自身が役立つ喜びを体得できることをめざしている。

学習指導においては児童個人が苦手な教科，単元や項目を児童自身がどのように自ら克服し，受け容れようとするかについての創意工夫を述べる。また生活指導においては集団活動やコミュニケーションが苦手な児童に対して，あるいは児童自身が嫌な(自分が予期しない)役割を与えられたときに，その苦手意識や消極性をなくしていくために，具体的にどのような指導を実践するかということについて論述する。

●作成のポイント

全体を3段構成とし，児童自身の苦手意識を克服するために学級担任としてどのように学級経営を行っていくか，第1段では「学習指導」，第2段では「生活指導」について具体的な方策をそれぞれ10行ずつで論述する。いずれも自分自身の学生時代，教員経験もしくは社会人経験における苦手なことへの挑戦経験，失敗とその克服体験などを引用・紹介しながら書き進めるとよい。最後の第3段では，設問に記された「その方策を考える上での問題意識やまとめ」を，小学校高学年において課されている「キャリア教育」の目標とその意義に触れながら論述する。以上の3段を各350字程度(10行ずつ)にコンパクトにまとめるとよい。

【小学校全科以外・(1次試験)】70分　1,050字以内

●テーマ

次のA，Bのうちから1題を選択して，論述しなさい。また，選択した問題の記号を○印で囲むこと。

A

(一般選考/適性選考/特例選考④/特別選考(2)～(6)/大学推薦)

次の記述を読み，下の問題について，論述しなさい。

(特例選考①～③)

次の記述を読み，下の問題について，あなたのこれまでの教員経験から得た成果や課題を踏まえて，論述しなさい。

(特例選考⑥)

次の記述を読み，下の問題について，あなたのこれまでの社会人としての経験を踏まえて，論述しなさい。

年度初めの職員会議で，教務主任から，「昨年度末に実施した生徒アンケートで，問題の発見・解決に向けて，『情報の活用が十分できていない』や『情報の活用方法が分からない』と感じている生徒が多数いることが分かりました。また，昨年度末に行われた教科主任会で，『インターネットから得た情報をそのまま用いるなど，情報を整理したり，分析したりして思考する活動が十分でない生徒が多い。』といった意見が挙がりました。そこで，今年度，各教科等の指導において，『問題を発見・解決したり自分の考えを形成したりしていくために必要な情報を活用する力を育てる。』を重点事項にしたいと思います。」と報告があった。

職員会議終了後，教務主任からあなたに，「先ほどの重点事項に基づいて，どのように学習指導に取り組んでいくか，具体的に考える必要がありますね。」と話があった。

〈問題〉

教務主任の発言を受けて，あなたならどのように学習指導に取り組んでいくか，志望する校種と教科等に即して，具体的な方策を二つ挙げ，それぞれ10行(350字)程度で述べなさい。また，その方策を考える上での問題意識やまとめを明確に書き，全体で30行(1,050字)以内で述べなさい。ただし，26行(910字)を超えること。

B

(一般選考/適性選考/特例選考④/特別選考(2)～(6)/大学推薦)

次の記述を読み，下の問題について，論述しなさい。

(特例選考①～③)

次の記述を読み，下の問題について，あなたのこれまでの教員経験から得た成果や課題を踏まえて，論述しなさい。

(特例選考⑥)

次の記述を読み，下の問題について，あなたのこれまでの社会人としての経験を踏まえて，論述しなさい。

あなたは生活指導・保健指導部に所属している。

年度初めの生活指導・保健指導部会で，生活指導主任から，「昨年度行った生活に関するアンケートでは，『集団や社会のきまりを守ることができた』の項目で，否定的な回答が多くみられました。また，各学年の生活指導担当の教員からは，『教員から言われればきまりを守るが，きまりの意義を理解して，自ら守ろうとする意欲に欠ける生徒が多い。』や『日々の学校生活の中で，自律性が育まれていないのではないか。』との報告を受けています。そこで，今年度，生活指導・保健指導部として，『規範意識を高めるとともに，自律性を育む。』を重点事項にしたいと思います。」と報告があった。

部会終了後，生活指導主任からあなたに，「先ほどの重点事項に基づいて，生活指導・保健指導部の一員として，どのように指導に取り組んでいくか，具体的に考える必要がありますね。」と話があった。

〈問題〉

生活指導主任の発言を受けて，あなたならどのように児童・生徒の指導に取り組んでいくか，志望する校種に即して，具体的な方策を二つ挙げ，それぞれ10行(350字)程度で述べなさい。また，その方策を考える上での問題意識やまとめを明確に書き，全体で30行(1,050字)以内で述べなさい。ただし，26行(910字)を超えること。

●方針と分析

(方針)

Aについては各教科の授業もしくは総合的な学習の時間において情報技術や情報ツールを用いながら，生徒児童が自ら問題を発見・解決したり自分の考えを形成したりしていくために，必要な情報を整理・分析する力をどのように育てるかについて論述する。

Bについては生活指導の実践上，生徒児童が自らの規範意識を高めるとともに，自律性を育むための教育指導をどのように行っていくかについて具体的に論述する。

(分析)

Aについては，生徒児童が自らインターネットから得た情報を整理・分析する能力の不十分さが指摘されていることから，各教科の特質に応じて適切な学習場面で情報の整理・分析に取り組ませる方策を2つ挙げる必要がある。たとえば現在全国の各中学・高校で採用されている「思考ツール」を用いた情報の整理・分析方法の取り組みを自身の担当教科や単元を例に出して具体的に説明するとよい。「思考ツール」についてはフローチャート，ベン図，ダイヤモンドランキング，フィッシュボーン，ロジックツリー，マインドマップ，同心円チャート，マトリックス，CRS，PMI，PO，座標軸，変形Yチャート，フラワーチャート，ウェビングマップなどさまざまな手法が採用されているので，どういう教科単元を指導するにあたり，どういう思考ツールが適切かを選択し，それを用いてどのような課題がどのようにうまく整理分析できるのか，どういう場面で活用可能かを明確に示す必要がある。

Bについては，教員が生活指導を行うなかで，生徒児童が「なぜ集団や社会の決まりを守らなければならないのか」，「決まりを守ることが集団や社会においてどういう役割を果たすのか」ということを自ら理解し納得させるための方策を2点示す必要がある。たとえば授業中に生徒児童をグループに分け，ロールプレイで社会や集団活動の一場面を，立場を交替させながら演じさせ，公共のマナーやルールが現実の場面でなぜ必要になるのかをワークシートを用いて検証させ，発表させるといった試みが想定できる。

●作成のポイント

問題A，Bとも，全体を3段構成とし，第1段と第2段でそれぞれの課題に関する教育現場で実践する具体的な方策をそれぞれ10行ずつ(350字)で論述する。いずれも自分自身の学生時代，教員経験もしくは社会人経験における体験，失敗とその克服体験などを引用・紹介しながら書き進めるとよい。最後の第3段では，設問に記された「その方策を考える上での問題意識やまとめ」を，Aでは「学校教育における情報活用能力の育成」，Bでは「生徒児童の規範意識を高めるための生活指導」の意義や目的に触れながら論述する。以上の3段を各350字程度(10行ずつ)にコンパクトにまとめるとよい。

2020年度　論作文実施問題

【小学校全科(理科コース，英語コースを含む)・(1次試験)】70分

●テーマ

(一般選考/適性選考/特例選考④，(5)，(6)/大学推薦)
次の記述を読み，下の問題について，論述しなさい。
(特例選考①，②，③)
次の記述を読み，下の問題について，あなたのこれまでの教員経験から得た成果や課題を踏まえて，論述しなさい。
(特例選考⑥)
次の記述を読み，下の問題について，あなたのこれまでの社会人としての経験を踏まえて，論述しなさい。

あなたは，第5学年の学級担任である。
年度初めの学年会で，学年主任から，「昨年度の児童の課題として，話合い活動の際に，自分の考えを強く主張する児童がいる一方で，自分の考えを相手に伝えられない児童が散見されるということが挙がっています。また，昨年度末に実施した学校生活アンケートの『クラスの中で，こまっている子や，なやんでいる子を見かけたことがありますか』の項目に『ある』と答えた児童の中で，『その子の力になることができましたか』の項目に『できなかった』『あまりできなかった』と答えた児童が半数以上おり，児童が互いに尊重し認め合い支え合う姿勢が十分ではないことがうかがえます。そこで，今年度の学年経営の方針は『学校生活において，相手の考え方や立場を理解し，共に支え合うことができる児童を育てる。』にしたいと思います。」と報告があった。

〈問題〉
学年主任の発言を受けて，あなたなら学級担任としてどのように学級経営を行っていくか，「学習指導」と「生活指導」について具体的な方策を一つずつ挙げ，それぞれ10行(350字)程度で述べなさい。その際，その方策を考える上での問題意識やまとめを明確に書き，全体で30行(1,050字)以内で述べなさい。ただし，26行(910字)を超えること。

●方針と分析

(方針)

第5学年における今年度の学年経営方針が「学校生活において，相手の考え方や立場を理解し，共に支え合うことができる児童を育てる」になったことを踏まえ，「学習指導」「生活指導」における具体的方策を1つずつ示す。

(分析)

まず，問題の背景を考えてみたい。問題文の設定は第5学年の年度初めの学年会であり，昨年度末に実施した学校生活アンケートとあるので，児童にアンケートを行ったのは第4学年時である。ここでの結果から，学年主任は「児童が互いに尊重し認め合い支え合う姿勢が十分ではない」と判断している。一方，小学校学習指導要領(平成29年告示)の「特別の教科　道徳」(以下，道徳科)における第3学年及び第4学年の学習内容には「相手のことを思いやり，進んで親切にすること」「友達と互いに理解し，信頼し，助け合うこと」「自分の考えや意見を相手に伝えるとともに，相手のことを理解し，自分と異なる意見も大切にすること」等が示されている。以上のことを総合すると「当該学年では，前年度の道徳科の学習内容の一部が半数以上の児童に浸透していなかったため，学年経営課題として重点化された」といったストーリーが考えられる。

したがって，道徳科における上記3つについて，学習指導要領解説にある指導の要点を理解していれば具体的方策も見えてくだろう。順にみていくと「相手の置かれている状況，困っていること，大変な思いをしていること，悲しい気持ちでいることなどを自分のこととして想像することによって相手のことを考え，親切な行為を自ら進んで行うことができるようにしていくこと」「友達のことを互いによく理解し，信頼し，助け合うことで，健全な仲間集団を積極的に育成していくことが大切」「児童同士，児童と教師が互いの考えや意見を交流し合う機会を設定し，異なる考えや意見を大切にすることのよさを実感できるように指導することが大切」とあることから，学習指導でグループ学習を想像する人も多いと思われるし，趣旨を踏まえていれば他の活動でもよい。これらを踏まえて，生活指導についても考えてみよう。

●作成のポイント

論文形式はいくつかあるが，ここでは「序論・本論・結論」で一例を考えてみたい。文字量について，ある程度決められているので，それをおさえるようにすること。序論では，学習指導，生活指導に共通した趣旨をまとめる。全体で1000字程度の論文なので，最も主張したいことをはじめに出すと，後が展開しやすくなると思われる。文字量は7行(245字)程度を目安にするとよい。本論では学習指導，生活指導別に具体策を展開する。問題文では「方策を考える上での問題意識やまとめ」も要求されているので，それも踏まえること。文字量は各10行(350字)程度を目安にするとよい。結論では上記内容を踏まえ，教員になった時の考えなどをまとめる。文字量は3行(105字)程度を目安にするとよい。

【小学校全科以外・(1次試験)】70分

●テーマ

次のA，Bのうちから1題を選択して，論述しなさい。また，選択した問題の記号を○印で囲みなさい。

A
(一般選考/適性選考/特例選考④，(2)～(6)/大学推薦)
次の記述を読み，下の問題について，論述しなさい。
(特例選考①～③)
次の記述を読み，下の問題について，あなたのこれまでの教員経験から得た成果や課題を踏まえて，論述しなさい。
(特例選考⑥)
次の記述を読み，下の問題について，あなたのこれまでの社会人としての経験を踏まえて，論述しなさい。

年度初めの職員会議で，教務主任から，「昨年度末に行われた教科主任会で，複数の教科主任から『身に付けた知識及び技能を活用して自分の意見を言ったり，説明したりすることができない生徒が多い』や『習得した知識を相互に関連付けて，課題を解決することができない生徒が多い』といった意見が挙がりました。そこで，今年度，各教科等の指導において，『各教科・科目等の特質に応じた「見方・考え方」を働かせて，自ら問いを見いだし探究する力を育成する。』を重点事項にしたいと思います。」と報告があった。

職員会議終了後，教務主任からあなたに，「先ほどの重点事項に基づいて，どのように学習指導に取り組んでいくか，具体的に考える必要がありますね。」と話があった。

〈問題〉

教務主任の発言を受けて，あなたならどのように学習指導に取り組んでいか，志望する校種と教科等に即して，具体的な方策を二つ挙げ，それぞれ10行(350字)程度で述べなさい。その際，その方策を考える上での問題意識やまとめを明確に書き，全体で30行(1,050字)以内で述べなさい。ただし，26行(910字)を超えること。

B

(一般選考/適性選考/特例選考④，(2)～(6)/大学推薦)

次の記述を読み，下の問題について，論述しなさい。

(特例選考①～③)

次の記述を読み，下の問題について，あなたのこれまでの教員経験から得た成果や課題を踏まえて，論述しなさい。

(特例選考⑥)

次の記述を読み，下の問題について，あなたのこれまでの社会人としての経験を踏まえて，論述しなさい。

あなたは生活指導・保健指導部に所属している。

年度初めの生活指導・保健指導部会で，生活指導主任から，「委員会活動などにおいて，準備や活動を進めていく中で課題が出たときに，生徒に話合いをさせても意見が出ず，解決の方向性を生徒同士で決めることができなかったという報告が挙がっています。そこで，今年度，生活指導・保健指導部として，『様々な集団での活動を通して，課題を見いだし，よりよく解決していく力を育てる。』を重点事項にしたいと思います。」と報告があった。

部会終了後，生活指導主任からあなたに，「先ほどの重点事項に基づいて，生活指導・保健指導部の一員として，どのように指導に取り組んでいくか，具体的に考える必要がありますね。」と話があった。

〈問題〉
生活指導主任の発言を受けて，あなたならどのように児童・生徒の指導に取り組んでいくか，志望する校種に即して，具体的な方策を二つ挙げ，それぞれ10行(350字)程度で述べなさい。その際，その方策を考える上での問題意識やまとめを明確に書き，全体で30行(1,050字)以内で述べなさい。ただし，26行(910字)を超えること。

●方針と分析

(方針)

Aは各教科等の指導において重点事項『各教科・科目等の特質に応じた「見方・考え方」を働かせて，自ら問いを見いだし探究する力を育成する』ための，学習指導の取り組みについて2点述べる。Bは生活指導・保健指導部としての重点事項「様々な集団での活動を通して，課題を見いだし，よりよく解決していく力を育てる」ことについて2点述べる。

(分析)

いずれの重点事項も，今回の学習指導要領改訂の大きな柱の一つであるアクティブ・ラーニングの「深い学び」に関するものといえる。文部科学省資料によると，アクティブ・ラーニング導入の背景として「知識の量を削減せず，質の高い理解を図るための学習過程の質的改善」があり，生涯学習をも見据えて「主体的・対話的で深い学び」の実現を目指している。アクティブ・ラーニングの一般的特徴としては「児童生徒は授業を聞く以上の関わりをしていること」「情報の伝達より児童生徒のスキルの育成に重きが置かれていること」「児童生徒が活動(読む，議論する，書く等)に関与していること」等があり，具体例として「社会生活に必要とされる発表，案内，報告，編集，鑑賞，批評など」「現代の社会的事象について，具体的な事例を通じて事実を正確に捉え，公正に判断し表現する活動」などがあげられる。

問題A，Bを比較しての注意点として，Aでは「校種と教科」であり，

Bは「校種」を踏まえて方策を考える。つまり，Bは学校全体のことであるため，学校全体はもちろん，場合によっては家庭や地域との連携も意識する必要があるだろう。以上を踏まえて，論文を検討するとよい。

●作成のポイント

論文形式はいくつかあるが，ここでは「序論・本論・結論」で一例を考えてみたい。文字量について，ある程度決められているので，それをおさえるようにすること。序論では，重点事項がアクティブ・ラーニングに関連することを意識しながら，論文の趣旨を述べる。全体で1000字程度の論文なので，最も主張したいことをはじめに出すと，後が展開しやすくなると思われる。文字量は7行(245字)程度を目安にするとよい。本論では序論に基づいて具体策を展開する。問題文では「方策を考える上での問題意識やまとめ」も要求されているので，それも踏まえること。文字量は各10行(350字)程度を目安にするとよい。結論では上記内容を踏まえ，教員になった時の考えなどをまとめる。文字量は3行(105字)程度を目安にするとよい。

2019年度　論作文実施問題

【小学校全科(理科コース，英語コースを含む)・1次試験】70分

●テーマ

(一般選考/適性選考/大学推薦)
次の記述を読み，下の問題について，論述しなさい。
(特例選考①②③)
次の記述を読み，下の問題について，あなたのこれまでの教員経験から得た成果や課題を踏まえて，論述しなさい。
(特例選考⑥)
次の記述を読み，下の問題について，あなたのこれまでの社会人としての経験を踏まえて，論述しなさい。

あなたは，第5学年の学級担任である。
年度初めの学年会で，学年主任から，f昨年度の児童の学習や生活における課題について，次のような引継ぎを受けました。まず，各教科等の学習において，学んだことを日常生活や学習にすすんで活用しようとする態度が十分とは言えないとのことでした。また，係活動において，指示された仕事には真面目に取り組むものの，各係の活動の意味を理解して，工夫して役割を果たそうとする意欲に欠けるため，5年生から始まる委員会活動などを進める上での課題となるのではないかとのことでした。そこで，今年度の学年経営の方針は『学習や生活における児童の意欲的な態度を育む。』にしたいと思います。」という話があった。
学年会終了後，学年主任からあなたに，「先ほどの学年経営の方針に基づいて，学級経営の重点をどこに置き，どのように取

り組んでいくか，具体的に考える必要がありますね。」と話があった。

〈問題〉

学年主任の発言を受けて，あなたなら学級担任としてどのように学級経営を行っていくか，「学習指導」と「生活指導」について具体的な方策を一つずつ挙げ，それぞれ10行(350字)程度で述べなさい。その際，その方策を考える上での問題意識やまとめを明確に書き，全体で30行(1,050字)以内で述べなさい。ただし，26行(910字)を超えること。

●方針と分析

(方針)

「学習や生活における児童の意欲的な態度を育む」という学級経営の視点について，学級担任として「学習指導」と「生活指導」について，それぞれ一つずつ具体的な方策をまとめる。同時にこの点に関してどのような問題意識を有するか，まとめ等も述べる。

(分析)

まず，学年主任は第5学年の年度初めの学年会で，児童の問題点を2点指摘しており，冒頭で「昨年度」としていることから，児童が第4学年のときに気付いたことを省みて提起したものと理解できる。小学校中学年は，児童が主体的に学習に取り組み，自発的な活動への要求の高まっていく時期とされており，その児童の発達段階の特性を活かした指導をしていくことが重要である。こういった指導がまだ身に付いていないまま高学年になっている児童が多く見られており，そこで指摘された問題である。原因としては，道徳科で示されているような「身近な集団に進んで参加し，自分の役割を自覚し，協力して主体的に責任を果たす」ことが十分になされていないことが考えられる。

学んだことを日常生活や学習にすすんで活用しようとする態度につ

いては，例えば小学校学習指導要領「社会」の「指導計画の作成と内容の取扱い」の中で「学習の過程や成果を振り返り学んだことを活用する」と示されているが，それが十分に実践されないままとなっていることなどが要因と考えられる。また係活動は，本来児童が仕事を分担し，自分たちの力で学級生活をより豊かにしていく活動であるが，与えられる仕事についてはしっかりとできるものの，その意味を理解してさらに工夫をこらしていくことができない児童が多いことがあげられている。

このような学習成果が現れない背景には，児童だけではなく，教師による指導方法にも要因があることが考えられる。新学習指導要領に示されているように，これからは一方的な講義中心の授業だけではなく，アクティブ・ラーニングのような対話的な授業を多く取り入れることで，児童の自発的な態度を醸成していくことが重要となってくる。教師が授業に様々な工夫をこらすことで，児童相互の結びつきを深めることができ，さらに活動をやり遂げることによる自主性・主体性や継続することの大切さ，達成感などを感じさせることができるものであり，最終的には自由な発想により，児童の創造力も発揮させることができるのである。

●作成のポイント

問題を見ると書く内容は「学習指導」，「生活指導」，「それらの方策を考える上での問題意識」と「まとめ」となる。ここでは「その他」以外の4つの内容での構成例を紹介する。学年経営の方針としている「学習や生活における児童の意欲的な態度を育む」ことに留意して述べるようにする。

論文を序論，本論，結論で考え，序論では「その方策を考える上での問題意識」，つまり問題となっている児童の行動を具体的に述べる。ここは後に述べる，「学習指導」「生活指導」の具体的方策が正当であることを裏付けることにもなるので，できるだけ詳細な分析を論理的に展開するとよい。今回は「教科による学習で学んだことの活用」と

「係活動に対する意識」についてそれぞれ意欲が欠如していることがあげられている。それぞれの視点から取り上げること。また「学習指導」「生活指導」との関連性にも十分注意すること。

本論では「学習指導」,「生活指導」の具体的方策をそれぞれ述べる。それぞれ10行(350字)程度と指定されているので，内容とともに取り組む際に注意したい点，問題があったときの対処法なども必要であれば入れるのもよいだろう。具体的には「意見を出しやすい雰囲気づくりに留意する」や「話し合った内容をもとに，やってみたい活動について意見を持たせる」ことなどが考えられる。

結論では上記内容のまとめを述べる。余裕があれば，生徒指導における自身の考えと意気込みなどを述べることも考えられる。児童の性格も千差万別であり，それぞれの個性に応じた指導を心掛け，粘り強く指導していく気概といったものを示すのもよいだろう。

なお，文章量であるが全体で30行(1,050字)，本論で各10行(350字)程度としているので，序論と結論合わせて10行(350字)程度となる。ただ，本論文では序論においてより具体性を持たせることで本論の説得力を増す内容になると思われるので，序論をしっかり構成していきたい。

【小学校全教科以外の校種等，教科・1次試験】70分

●テーマ

A

(一般選考/適性選考/大学推薦)

次の記述を読み，下の問題について，論述しなさい。

(特例選考①②③)

次の記述を読み，下の問題について，あなたのこれまでの教員経験から得た成果や課題を踏まえて，論述しなさい。

(特例選考⑥)

次の記述を読み，下の問題について，あなたのこれまでの社会人としての経験を踏まえて，論述しなさい。

年度初めの職員会議で，教務主任から，「昨年度，『自分の考えを的確に表現する。』を重点事項に学習指導に取り組んだ結果，学習に関する生徒アンケートにおいて『自分の考えを表現できた。』の項目で『あてはまる』と回答した生徒が一昨年度に比べて増えました。しかし，『自分の考えとは異なる考えについて理解することができた。』の項目で『あてはまらない』と回答した生徒が多いことが分かりました。また，各教科主任からは，『自分の考えを根拠とともに伝えたり，他者の考えに根拠をもって反論したりすることが苦手な生徒が多い。』という報告を受けています。そこで，今年度，各教科の指導において，『他者の考えを理解し，自分の考えを広げ深めることができる力を育てる。』を重点事項にしたいと思います。」と報告があった。

職員会議終了後，教務主任からあなたに，「先ほどの重点事項に基づいて，どのように学習指導に取り組んでいくか，具体的に考える必要がありますね。」と話があった。

〈問題〉

教務主任の発言を受けて，あなたならどのように学習指導に取り組んでいくか，志望する校種と教科等に即して，具体的な方策を二つ挙げ，それぞれ10行(350字)程度で述べなさい。その際，その方策を考える上での問題意識やまとめを明確に書き，全体で30行(1,050字)以内で述べなさい。ただし，26行(910字)を超えること。

B

(一般選考/適性選考/大学推薦)

次の記述を読み，下の問題について，論述しなさい。

(特例選考①②③)

次の記述を読み，下の問題について，あなたのこれまでの教員経験から得た成果や課題を踏まえて，論述しなさい。

(特例選考⑥)

次の記述を読み，下の問題について，あなたのこれまでの社会人としての経験を踏まえて，論述しなさい。

あなたは生活指導・保健指導部に所属している。

年度初めの生活指導・保健指導部会で，生活指導主任から，「昨年度実施した学校生活実態調査において，『学校生活の中で不安や悩みがありますか。』という質問に『ある』と回答した生徒の割合が一昨年度に比べて増えていることが分かりました。また，『困っていることや悩んでいることなどを相談できる人がいますか。』という質問に対して，肯定的な回答が一昨年度に比べて減っていることが分かりました。そこで，今年度，生活指導・保健指導部として，『生徒が，学校生活に適応し，よりよい人間関係を形成するために，生徒理解を深め，生徒指導の充実を図る。』を重点事項にしたいと思います。」と報告があった。

部会終了後，生活指導主任からあなたに，「先ほどの重点事項に基づいて，生活指導・保健指導部の一員として，どのように指導に取り組んでいくか，具体的に考える必要がありますね。」と話があった。

〈問題〉

生活指導主任の発言を受けて，あなたならどのように児童・生徒の指導に取り組んでいくか，志望する校種に即して，具体的な方策を二つ挙げ，それぞれ10行(350字)程度で述べなさい。また，その方策を考える上での問題意識やまとめを明確に書き，全体で30行(1,050字)以内で述べなさい。ただし，26行(910字)を超えること。

●方針と分析

(方針)

A 『他者の考えを理解し，自分の考えを広げ深める』ことについて，具体的方策を二つ述べる。また，方策を考える上での問題意識やまとめ等を含め，全体を26行(910字)以上，30行(1,050字)以内でまとめる。

B 『学校生活に適応し，よりよい人間関係を形成する』ことについて，具体的方策を二つ述べる。また，方策を考える上での問題意識やまとめ等を含め，全体を26行(910字)以上，30行(1,050字)以内でまとめる。

(分析)

A　中央教育審議会答申(平成20年)では，「言語は知的活動(論理や思考)の基盤であるとともに，コミュニケーションや感性・情緒の基盤でもあり，豊かな心を育む上でも，言語に関する能力を高めていくことが重要である」としている。これらの観点から，現行の学習指導要領(小学校・中学校・高等学校)においては，言語に関する能力の育成を重視し，各教科等において言語活動を充実する方針であること理解しておく。

Aの問題文にある事項と関連して，平成21年実施のPISA調査の結果で，読解力は上位グループにあることが示され，必要な情報を見つけ出し取り出すこと(「情報へのアクセス・取り出し」)は得意であるものの，情報相互の関係性を理解して解釈したり，自らの知識や経験と結び付けたりすること(「統合・解釈」「熟考・評価」)が苦手であることが指摘されている。また，平成22年度全国学力・学習状況調査の結果においても，資料や情報に基づいて自分の考えや感想を明確に記述すること，日常的な事象について筋道を立てて考え，数学的に表現することなど，思考力・判断力・表現力等といった「活用」に関する記述式問題などに課題が見られた。

事実や他者の意見を正確に理解するためには，主観にとらわれず，事実と意見や考えなどを明確に区別することが必要になる。また，対話を通じて他者の考え方を吟味し取り込み，自分の考え方の適用範囲を広げることを通じて，人間性を豊かなものへと育むことの重要性を考え，国語を中心とした各教科で学習指導に取り組んでいかなければならない。
(例)　社会…社会的な事柄について資料を読み取って解釈し，考えたことについて根拠を示しながら説明したり自分の意見をまとめた上で，お互いに意見交換をしたりする活動を行う。　算数・数学…言葉，数，式，図，表，グラフを使って論理的に考え根拠を明らかにして筋道を立てて説明し，伝え合う活動を行う。　理科…自ら仮説を立てて観察・実験を行い，結果を分析・解釈する活動や日常生活の現象を科学的な用語を使って説明する活動を行う。　美術…作品に対する自分の思いや考えを説明し，お互いに批評し合う活動を行う。　総合的な学習の時間…問題の解決や探究活動の過程において，他者と協同して問題を解決しようとする学習活動や，言語により分析しまとめたり表現したりするなどの学習活動を行う。など

以上の点などを参考に，受験者が志望する校種や担当科目ごとの具体策を二つ挙げていくこと。

B　よりよい人間関係を築く能力や態度を育成しながら，社会性を養う指導，自尊感情を高める指導については，東京都教職員研修センター紀要第11号ほか「自尊感情や自己肯定感に関する研究(第4年次)」などの成果発表があるので参照するとよい。自尊感情は，ともすると家庭の躾の問題，生徒同士の交流の中で自ずと身に付く問題として片付けられてしまいがちである。けれども，人間関係を築く能力や態度を培う手だてや社会性は自然に身に付くものではなく，未就学段階から学習を通して獲得していくものである。社会で生活していく上でのスキルを学習し，それを身に付けるための手だてとして，出来事を客観的に捉え，事実と感情を整理して考える方法を育てなくてはならない。自尊感情が低い傾向にあると，例えば，友人がSNS上で返信するのが遅れたときや，自分がSNSグループから外されたなど，葛藤に直面するような出来事が起きたときに自分自身のことを責めるか，反対に，他責性が顕著になる。その結果，解決に向けて前向きな行動がとれなくなることも多い。そのような時，悩みを文章に書いたり，誰かに話

したりするなど言語化することで，課題を明確に捉えることができるようになるという。

より具体的な方策としては，ブレインストーミングや話合い活動等で，他者の意見を聞くことで，自分以外の多様な考えがあることを知り，葛藤に直面するような出来事が起きたとき，一つの考え方や感情に捉われるのではなく，自分の立場から見た場合と相手の立場から見た場合を考えることができるようにするものがある。また，生徒が客観的に物事を捉えることをねらいとし，養護教諭と協働で個別指導形式の対話を行う場を設けたことで，生徒が自分を内省的に捉えたりすることができるようになることもある。

生活指導の観点について，受験者が関心を持ちどれだけ理解しているかどうかを試されるので，先に挙げた資料などを参照しておくことが必要である。

●作成のポイント（A，B共通）

序論・本論・結論の3段構成で考える。

序論では具体的方策の背景となる問題意識について述べる。学校種，地域の実態，生徒の状況などを考慮することがあげられるが，問題意識をより具体的に示しすぎると，本論の文字数が少なくなり，かつ，冗長な記述になってしまうので，概略的に示すようにする。行数は7行(245字)を目安にするとよい。

本論では具体的方策を示す。各方策の行数は9行(315字)ずつが目安になるが，各方策の行数量についてのバランスを意識すると，体裁のよい論文ができることを念頭においておく。一つ目の方策が数行で，もう一方の方策が20行を超えるような構成では，知識に偏りがあり文章の構成力不足を疑われ，高評価を得られない可能性がある。ここで示す行数の目安は30行を使った場合を想定しているが，条件では「26行(910字)を超える」とあるので，その幅を上手に活用すること。

結論では，序論・本論の内容を踏まえ，自身の生徒への指導に関する心構え等を示すとよい。行数は5行(175字)を目安にするとよいだろう。

2018年度　論作文実施問題

【小学校全科(理科コース，英語コースを含む)・1次試験】　70分

●テーマ

(一般選考/適性選考/特例カ)
次の記述を読み，下の問題について，論述しなさい。
(特例ウ，エ，オ)
次の記述を読み，下の問題について，あなたのこれまでの教員経験から得た成果や課題を踏まえて，論述しなさい。
(特例サ)
次の記述を読み，下の問題について，あなたのこれまでの社会人としての経験を踏まえて，論述しなさい。

> あなたは，第3学年の学級担任である。
> 年度初めの学年会で，学年主任から，「昨年度，授業中に先生や友達の話を最後まで聞かないで発言する児童や，給食当番や掃除当番の仕事を友達に押し付けてしまう児童が見られました。また，児童が学級で使う学習用具を元の場所に戻さないということも多く見られました。このような実態の改善を図るために，今年度の学年経営の方針は『学習や生活のきまりを守らせる。』にしたいと思います。」と報告があった。
> 学年会終了後，学年主任からあなたに，「先ほどの学年経営の方針に基づいて，学級経営の重点をどこに置き，どのように取り組んでいくか，具体的に考える必要がありますね。」と話があった。

〈問題〉
学年主任の発言を受けて，あなたなら学級担任としてどのように学級経営を行っていくか，「学習指導」と「生活指導」について具体

的な方策を一つずつ挙げ，それぞれ10行(350字)程度で述べなさい。また，その方策を考える上での問題意識やまとめなどを含めて，全体で30行(1,050字)以内で述べなさい。ただし，26行(910字)を超えること。

●方針と分析

(方針)

「学習や生活のきまりを守らせる」という学級経営の視点について，学級担任として「学習指導」と「生活指導」について，それぞれ一つずつ具体的な方策をまとめる。同時にこの点に関してどのような問題意識を有するか，まとめ等も述べる。

(分析)

まず，学年主任は第3学年の年度初めの学年会で，児童の問題点を指摘しており，冒頭で「昨年度」としていることから，児童が第2学年のときの問題点であったことがわかる。ところで，第2学年における「きまりを守らせる」指導については，生活科の「学校にはみんなが気持ちよく生活するためのきまりやマナーがあることに気付く」，道徳科の「約束やきまりを守り，みんなが使うものを大切にする」等が該当する。つまり，こういった指導がまだ身に付いていない児童が存在している，ということになる。原因としてはいろいろ考えられるが，児童の一般的な傾向として，道徳科の学習指導要領解説では「自己中心性が強く，ともすると周囲への配慮を欠いて自分勝手な行動をとることも少なくない」「身の回りの公共物や公共の場所の使い方や過ごし方についてどうするのがよいのか，そしてそれはなぜなのかといった理解」が十分ではないといったことをあげている。

次に第3学年での学級経営についてだが，まず第3学年では生活科がなくなるが，社会科の第3～4学年で「地域における災害や事故の防止」できまりを守ることの重要性を指導できる，道徳科では引き続き規則・きまりを守ることを指導する，といったことを踏まえること。一方，児童の特徴として，道徳科の学習指導要領解説では「気の合う仲間や集団の中にきまりをつくり，自分たちの仲間や集団及び自分たちで決めたことを大切にしようとする傾向」，つまりギャングエイジにかかる一方，「一人一人が身近な生活の中で，約束や社会のきまりと公共物や公共の場所との関わりについて考えることは少ない」といったことをあげている。そのため，「集団生活をする上で，一人一人が相手や周りの人の立場に立ちよりよい人間関係を築くことや，集団の向上のために守らなければならない約束やきまりを十分考えることが必要」としている。もう一つおさえておきたいのは，道徳科の指導は授業だけでなく，学校における教育活動全体で行われることである。各教科の授業だけでなく，学校生活のあらゆる場面で根気よく指導することが求められると思われる。東京都の指導における考え方については「子供たちの規範意識を育むために」(2015年7月)などを参考にするとよい。

●作成のポイント

問題を見ると書く内容は「学習指導」，「生活指導」，「それらの方策を考える上での問題意識」，「まとめ」，「その他」となる。ここでは「その他」以外の4つの内容での構成例を紹介する。

論文を序論，本論，結論で考え，序論では「それらの方策を考える上での問題意識」，つまり問題となっている児童の傾向分析などを述べる。ここは後に述べる，「学習指導」「生活指導」の具体的方策が正当であることを裏付けることにもなるので，できるだけ詳細な分析を論理的に展開するとよい。その際，「学習指導」「生活指導」との関連性にも十分注意すること。

本論では「学習指導」，「生活指導」の具体的方策をそれぞれ述べる。それぞれ10行程度と指定されているので，内容とともに取り組む際に注意したい点，問題があったときの対処法なども必要であれば入れるのもよいだろう。

結論では上記内容のまとめを述べる。余裕があれば，生徒指導における自身の考えと意気込みなどを述べることも考えられる。生活指導はときには根気が必要になることも多い。そのようなときでも，粘り強く指導していく気概といったものを示すのもよいだろう。

なお，文章量であるが全体で30行(1,050字)，本論で各10行(350字)程度としているので，序論と結論合わせて10行(350字)程度となる。ただ，本論文では序論が本論の説得力を増す役割が特に強いので，序論に力を入れたい。最大文量が決まっているので，過不足には十分に注意すること。

【小学校全科以外の校種等，教科・1次試験】　70分

●テーマ

次のA，Bのうちから1題を選択して，論述しなさい。

A

(一般選考／適性選考／特例カ)

次の記述を読み，下の問題について，論述しなさい。

(特例ウ，エ，オ)

次の記述を読み，下の問題について，あなたのこれまでの教員経験から得た成果や課題を踏まえて，論述しなさい。

(特例サ)

次の記述を読み，下の問題について，あなたのこれまでの社会人としての経験を踏まえて，論述しなさい。

年度初めの職員会議で，教務主任から，「昨年度，学校で独自に実施した生徒対象の学習に関する調査の，『授業中に自分の考えを表現することができた。』の項目で，『できなかった』の回答が多くありました。また，各教科の教科主任からも，自分の考えはもっているものの，それを的確に表現できない生徒が多いという報告を受けています。そこで，今年度，各教科の指導において，『自分の考えを的確に表現する力を育む。』を重点事項にしたいと思います。」と報告があった。

職員会議終了後，指導教員からあなたに，「先ほどの重点事項に基づいて，どのように学習指導に取り組んでいくか，具体的に考える必要がありますね。」と話があった。

〈問題〉

指導教員の発言を受けて，あなたならどのように学習指導に取り組んでいくか，志望する校種と教科等に即して，具体的な方策を二つ挙げ，それぞれ10行(350字)程度で述べなさい。また，その方策を考える上での問題意識やまとめなどを含めて，全体で30行(1,050字)以内で述べなさい。ただし，26行(910字)を超えること。

B

(一般選考／適性選考／特例カ)

次の記述を読み，下の問題について，論述しなさい。

(特例ウ，エ，オ)

次の記述を読み，下の問題について，あなたのこれまでの教員経験から得た成果や課題を踏まえて，論述しなさい。

(特例サ)

次の記述を読み，下の問題について，あなたのこれまでの社会人としての経験を踏まえて，論述しなさい。

あなたは，生活指導・保健指導部に所属している。

年度初めの生活指導・保健指導部会で，生活指導主任から，「昨年度，各委員会活動において行った生徒対象のアンケートの，『自らの役割を責任をもって果たすことができた。』の項目で，『できなかった』の回答が多くありました。また，委員会活動の担当教員からも，自らの果たす役割は何かということを自覚していない生徒が多いという報告を受けています。そこで，今年度，生活指導・保健指導部として，『自らの役割を責任をもって果たすことができる力を育む。』を重点事項にしたいと思います。」と報告があった。

部会終了後，生活指導主任からあなたに，「先ほどの重点事項に基づいて，生活指導・保健指導部の一員として，どのように指導に取り組んでいくか，具体的に考える必要がありますね。」と話があった。

〈問題〉

生活指導主任の発言を受けて，あなたならどのように児童・生徒の指導に取り組んでいくか，志望する校種に即して，具体的な方策を二つ挙げ，それぞれ10行(350字)程度で述べなさい。また，その方策を考える上での問題意識やまとめなどを含めて，全体で30行(1,050字)以内で述べなさい。ただし，26行(910字)を超えること。

●方針と分析

(方針)

A 『自分の考えを的確に表現する力を育む』ことについて，具体的方策を二つ述べる。また，方策を考える上での問題意識やまとめ等を含め，全体を26行(910字)以上，30行(1,050字)以内でまとめる。

B 『自らの役割を責任をもって果たすことができる力を育む』ことについて，具体的方策を二つ述べる。また，方策を考える上での問題意識やまとめ等を含め，全体を26行(910字)以上，30行(1,050字)以内でまとめる。

(分析)

A 表現力の育成については，学校教育法第30条第2項「…生涯にわたり学習する基盤が培われるよう，基礎的な知識及び技能を習得させるとともに，これらを活用して課題を解決するために必要な思考力，判断力，表現力その他の能力をはぐくみ，主体的に学習に取り組む態度を養うことに，特に意を用いなければならない」で示されている。しかし過去，PISAの学力調査で，日本では表現力を問う問題で課題があると指摘された。それを受け，平成20～21年改訂の学習指導要領(小，中，高等学校)では表現力の育成に力を入れており，次期学習指導要領でも引き続き示されている。一方，全国学力・学習状況調査(平成29年)で「友達の前で自分の考えや意見を発表することは得意ですか」という質問に対し，「当てはまる」「どちらかといえば，当てはまる」と回答した生徒と「当てはまらない」「どちらかといえば，当てはまらない」と回答した中学生は，ほぼ同率であり，依然として課題は残っているといってよい状況だろう。

表現力の育成方法は参考書等でも示されていると思われるが，ここでは生徒が発表することについて考えてみたい。あるテーマについて発表させる段取りを，大まかに考えると「発表内容についての知識や情報の収集」「集めた知識・情報の整理」「他の人に理解してもらうため，何をどう伝えるのかについて考える」という順が考えられる。生徒の中には大勢の人の前で話すのが苦手，伝えたいことが言葉で表せない等の問題があるものもいるだろう。そういった生徒には，まずはポスターなどで内容を示し，口頭で補足説明をさせるといった工夫が考えられる。また，「自分の考えを的確に表現する力」には，読解力および論理的思考力の強化も必要である。授業における言語活動とあわせて考えてみるのもよい。

B 『自らの役割を責任をもって果たす』ことは，特にキャリア教育，道徳，特別活動で具体的に示されている。ここでは，キャリア教育の面から考えることにする。

『小学校・中学校・高等学校　キャリア教育推進の手引』(文部科学省)によると，キャリアとは「個々人が生涯にわたって遂行する様々な立場や役割の連鎖及びその過程における 自己と働くこととの関係付けや価値付けの累積」とあり，また「社会との相互関係を保つとは，言い換えれば社会における自己の立場に応じた役割を果たすということ」と述べている。そして，キャリア教育は，他者とのかかわりの中で自己の特徴や役割を発見し，それぞれの年代における発達段階に応じ，自分自身と社会人として働くこととを適切に関連づけ，それぞれの発達の段階における発達課題を，責任を自覚しながら解決できるようにすることを目指している。したがって，自らの役割を果たすということは，社会に貢献すること，社会人として自身の役割を果たすことにつながることを踏まえて，考えるとよい。なお，本題では「生活指導・保健指導部」とあるので，各教科(授業)以外での指導が適切であろうこともおさえておこう。

●作成のポイント(A，B共通)

論文を序論・本論・結論の3段構成で考えると，序論では具体的方策の背景となる問題意識について述べる。考慮する点としては，学校種，地域の実態，生徒の状況などがあげられる。問題意識をより具体的に示しすぎると，本論の文字数が少なくなること，また具体策に柔軟性がなくなるので，概略的に示すのがよいだろう。行数は7行(245字)を目安にするとよい。

本論では具体的方策を示す。各方策の行数は9行(315字)ずつが目安になるが，各方策の行数量についてバランスを意識すると，体裁のよい論文ができることを念頭においたほうがよい。もちろん，方策によって文章量が変わるのは仕方ないが，例えば方策Aが15行であるのに，方策Bが5行の論文だと，知識に偏りがある人物と消極的に評価される可能性がある。ここで示す行数の目安は30行を使った場合を想定しているが，条件では「26行(910字)を超える」とあるので，その幅を上手に活用することも一つの方法である。

結論ではまとめとして，序論・本論の内容を踏まえ，自身の生徒への指導に関する心構え等を示すとよい。行数は5行(175字)を目安にするとよいだろう。

2017年度　論作文実施問題

【小学校全科・小学校全科(理科コース)・小学校全科(英語コース)　一般選考／適性選考／特例カ・1次試験】

次の問題について，1000字以内で論述しなさい。ただし，840字を超えること。

【小学校全科・小学校全科(理科コース)・小学校全科(英語コース)　特例ウ，エ，オ・1次試験】

次の問題について，あなたのこれまでの教員経験から得た成果や課題を踏まえて，1000字以内で論述しなさい。ただし，840字を超えること。

【小学校全科・小学校全科(理科コース)・小学校全科(英語コース)　特例サ・1次試験】

●テーマ

次の記述を読み，下の問題について，論述しなさい。

あなたは，第5学年の学級担任である。年度初めの学年会で，学年主任から，「昨年度，児童対象の学校評価アンケートの『学校生活の中で，自信をもって取り組めることがあった。』の項目で，この学年の児童は『あてはまらない』という回答が多くありました。そこで，今年度の学年経営の方針は『子供たち一人一人が成長を実感できるようにする。』にしたいと思います。」と言われた。そして，「この方針に基づいて，自分の学級経営の重点をどこに置き，どのように取り組んでいくか，具体的に考える必要がありますね。」と指導を受けた。

問題

　学年主任からの指導を受けて，あなたなら学級担任としてどのように学級経営を行っていくか，「学習指導」と「生活指導」について具体的な方策を一つずつ挙げ，それを取り上げた理由とともに，それぞれ350字程度で述べ，まとめなどを含めて全体で1050字以内で述べなさい。ただし，910字を超えること。

●方針と分析

(方針)

「児童が自信をもって取り組む」ことができる取り組みについて，その具体的な方策を「学習指導」と「生活指導」に分けて考察した上で，論述する。その考察においては「学級担任としてどのような学級経営を行っていくか」「自分の学級経営の重点をどこに置き，どのように取り組んでいくか」という部分が問題文にあるので，学校全体の取り組みではなく，学級担任としての取り組みについて考察する点に注意する。また，学年主任から「子供たち一人一人が成長を実感できるようにする」とあるので，その要請を満たすことも忘れてはならない。

(分析)

　東京都教育委員会は「東京都教育ビジョン(第3次)」において，基本理念を実現するための5つの視点の1つに「一人一人の個性や能力に着目し，最大限に伸ばすとともに，自己肯定感を高める」をあげ，「異年齢の子供たちからなる集団や，様々な世代の人々との交流を通じ，相手の立場を尊重し思いやる心，公共のために役立つことや社会貢献への意識，社会のルールやマナーを守る規範意識を身に付けさせることが必要である」としている。このように，東京都では自尊感情や自己肯定感を育成するための教育実践を進めていることが，出題の背景にあると思われる。

自尊感情や自己肯定感を高めるための具体的な方策として,「学習指導」における面では,学習内容を習得することで自尊感情や自己肯定感を高める実践が考えられる。たとえば,東京都教職員研修センター紀要第11号「自尊感情や自己肯定感に関する研究(第4年次)」では,「自己の成長を振り返る学習」(たとえば学期末や学年末などにそれまでの生活や学習を振り返り,作文等に書くことで自己の成長を実感できるようにするなど)の取り組みを挙げている。また,「指導方法を工夫することで自尊感情や自己肯定感を高める実践」も考えられる。具体的には,班学習やペア学習,ディベートなどで「自分が周りの人に役立っている」ということに気づかせるなどである。

「生活指導」における面については,東京都教職員研修センター「自信　やる気　確かな自我を育てるために　子供の自尊感情や自己肯定感を高める指導資料」で,自分の得意なことを発揮する場面や努力したことを他者から認めてもらう機会をできるだけ増やすことを提示している。たとえば,そうした機会のない児童生徒に対して学級での係活動などの役割を与え,その役割を果たしたならばそれをほめるなどの働きかけが考えられる。

●作成のポイント

論述の中心は,「学習指導」と「生活指導」についての具体的な方策およびそれを取り上げた理由である。したがって,本論にかなりの分量を割く必要があるので,「起・承・転・結」構成ではなく,「序論・本論・まとめ」構成が望ましいと思われる。

序論は,なぜ自尊感情や自己肯定感の育成に力を入れなくてはならないか,その背景を述べる必要がある。たとえば,日本の児童生徒は諸外国に比べて自尊感情・自己肯定感が低いことなどを指摘して,その問題点を示した上で,本論につながる問題提起をすべきと考える。ただし,序論なので冗長にならないように気をつける。

本論は,「具体的な方策」と「それを取り上げた理由」を論述することになるが,方針で示した様々なポイントに触れながら,自分が提示する具体的方策の有効性を丁寧に論じたい。また，「学習指導」と「生活指導」の双方について論じる必要があるが，一方の論述が長くなるなどバランスを失しないように気をつけたい。

まとめは自分の考えを簡潔にまとめ，時間に余裕があればテーマについて教師としてどのような気持ちをもっているのか，その自分なりの決意などを書き上げてもよい。

なお，「課題把握，教師としての実践的指導力，論理的表現力等を評価する」旨が受験要項の「主な評価の観点等」に記載されているので，これらの観点について評価されるように論文を作成したい。

【小学校全科以外　一般選考／適性選考／特例カ・1次試験】

次のA，Bのうちから1題を選択して，1000字以内で論述しなさい。ただし，840字を超えること。また，解答用紙には，選択した問題の記号を○印で囲みなさい。

【小学校以外　特例ウ，エ，オ・1次試験】

次のA，Bのうちから1題を選択して，あなたのこれまでの教員経験から得た成果や課題を踏まえて，1000字以内で論述しなさい。ただし，840字を超えること。また，解答用紙には，選択した問題の記号を○印で囲みなさい。

【小学校以外　特例サ・1次試験】

次のA，Bのうちから1題を選択して，あなたのこれまでの社会人としての経験を踏まえて，1000字以内で論述しなさい。ただし，840字を超えること。また，解答用紙には，選択した問題の記号を○印で囲みなさい。

●テーマ

次のA，Bのうちから1題を選択して，論述しなさい。

A　次の記述を読み，下の問題について，論述しなさい。

年度初めの職員会議で，教務主任から，「昨年度，授業評価アンケートの『授業は内容が分かりやすく，充実したものが多い。』の項目で『あてはまらない』という回答が多くありました。そこで，本年度，各教科の指導において，『個々の子供に応じたきめ細かい指導を充実させ，学習内容の定着を図る。』ことを重点事項にしてほしいと思います。」と報告があった。

職員会議終了後，あなたは，副校長から，「先ほどの重点事項に基づいて，指導の重点をどこに置き，どのように取り組んでいくか，具体的に考える必要がありますね。」と指導を受けた。

問題

副校長からの指導を受けて，あなたならどのように学習指導に取り組んでいくか，志望する校種と教科等に即して，具体的な方策を二つ挙げ，それを取り上げた理由とともに，それぞれ350字程度で述べ，まとめなどを含めて全体で1050字以内で述べなさい。ただし，910字を超えること。

B　次の記述を読み，下の問題について，論述しなさい。

あなたは，生活指導・保健指導部に所属している。年度初めの生活指導・保健指導部会で，生活指導主任から，『昨年度，地域住民対象の学校評価アンケートの『学校は，集団や社会の一員として，よりよい生活や人間関係を築く指導を行っている。』の項目で『あてはまらない』という回答が多くありました。そこで，生活指導・保健指導部として，本年度，『子供たちに，他者を思いやる心や社会貢献の精神を育む。』ことを重点事項にしたいと思います。」という話があった。
　部会終了後，あなたは，生活指導主任から，「先ほどの重点事項に基づいて，生活指導・保健指導部の一員として，指導の重点をどこに置き，どのように取り組んでいくか，具体的に考える必要がありますね。」と指導を受けた。

問題
　生活指導主任からの指導を受けて，あなたならどのように児童・生徒の指導に取り組んでいくか，志望する校種に即して，具体的な方策を二つ挙げ，それを取り上げた理由とともに，それぞれ350字程度で述べ，まとめなどを含めて全体で1050字以内で述べなさい。ただし，910字を超えること。

●方針と分析

(方針)

　A…「個々の子供に応じたきめ細かい指導を充実させ，学習内容の定着を図る」という重点事項について，自分が指導の重点をどこに置くか，またどのように取り組むのかについて，志望する校種と教科等に即し具体的に考察し，論述する必要がある。

　B…「子供たちに，他者を思いやる心や社会貢献の精神を育む」という重点事項について，自分が指導の重点をどこに置き，どのように取り組むのかを志望する校種に即し具体的に考察し，論述する必要がある。

(分析)

　A…東京都の教育振興基本計画にあたる「東京都教育ビジョン(第3次・一部改定)」は「取組の方向1」として「個々の子供に応じたきめ細かい教育の充実」を示している。その具体的な取り組みとして，「アクティブラーニングの視点を生かした指導内容・方法の研究を進める」とある。すなわち，その実践例を蓄積し，さらなる改善につなげていくサイクルの構築に努めるものである。また，東京都教育委員会は「基礎的・基本的な知識・技能を確実に習得させる指導の工夫」を複数年にわたる研究主題としている。そのレポートにおいて，個に応じた指導の工夫例として，学習意欲が低い傾向にある生徒には学力の習熟の程度に応じた課題に取り組ませ，基礎的・基本的な知識・技能の定着とその成功体験から意欲の向上を図ることが必要であるとの指摘がある(東京都教職員研修センター紀要第14号「基礎的・基本的な知識・技能を確実に習得させる指導の工夫(1年次)」)。

B…東京都教育委員会はその基本方針として「人権の尊重」と「社会貢献の精神」の育成を示している。さらに「東京都教育ビジョン(第3次・一部改定)」は「取組の方向3」として「社会的自立を促す教育の推進」を示しており，その主要施策7が「道徳心や社会性を身に付ける教育の推進」である。その「施策の必要性」においてアクティブラーニング等を活用し，様々な人々との議論を通じ，協働して解決策を見出していく活動を積極的に取り入れていくなどの道徳教育の充実や，家庭や地域・社会との連携を図りながら，子供たちが社会貢献への意識を育むためにボランティア活動を積極的に取り入れるとともに，自然体験活動などの豊かな体験活動を重視することが示されている。なお，このような「他者を思いやる心や社会貢献の精神を育む」ことは教育基本法前文や第2条第3号に明記されている「公共の精神」を尊重する姿勢や，同じく第2条第1号に明記されている「豊かな情操と道徳心」を培うこととほぼ同旨といえる。

●作成のポイント

論述の中心は，学習指導について志望する校種や教科等に即した具体的な方策およびそれを取り上げた理由である。したがって，「起・承・転・結」構成ではなく，「序論・本論・まとめ」構成が望ましいと思われる。

序論について述べる。Aは，なぜ「個々の子供に応じたきめ細かい教育の充実」が求められるかについて触れた上で，本論につながるような問題提起をしたい。その求められる理由について，方針で紹介した「基礎的・基本的な知識・技能を確実に習得させる指導の工夫(1年次)」は「研究の背景」において東京都の児童・生徒は，全都道府県の中で上位3割以内のグループに位置しているが，学力上位の他の県と比較すると，下位層の児童・生徒の割合が多く，当該学年で学習する内容を十分理解しないまま進級し，次の学年での学習に支障を来している実態が考えられると示している点が参考になる。一方，Bは，なぜ「他者を思いやる心や社会貢献の精神を育む」ことが求められるのか，その理由を示した上で，本論につながる問題提起をしたい。その理由について，「東京都教育ビジョン(第3次・一部改定)」は「取組の方向3　社会的自立を促す教育の推進」の「現状と課題」において，アンケートで「ルールを守って行動する」という問いに対して「とても当てはまる」と答えた割合が，学年が進むにつれて低下していることを示していることが参考になる。

本論は，「具体的な方策」と「それを取り上げた理由」を論述することになるが，その方策の有効性について説得的に論じたい。また2つの「具体的な方策」を論じることになるが，一方の記述が他方に比べて著しく長くなることがないように，そのバランスに気をつけたい。

まとめは自分の考えを簡潔にまとめ，時間に余裕があればテーマについて教師としてどのような気持ちをもっているのか，その自分なりの決意などを書き上げてもよい。

なお，「課題把握，教師としての実践的指導力，論理的表現力等を評価する」旨が受験要項の「主な評価の観点等」に記載されているので，これらの観点について評価されるように論文を作成したい。

【その他のテーマ・1次試験】　70分

〈小学校全科・小学校全科(理科コース)・小学校全科(英語コース)　特例ウ・エ・オ〉
〈小学校全科・小学校全科(理科コース)・小学校全科(英語コース)　特例サ〉
※問題は，【小学校全科・小学校全科(理科コース)・小学校全科(英語コース)　一般選考／適性選考／特例カ】と同じ。

〈小学校全科以外　特例ウ・エ・オ〉
〈小学校全科以外　特例サ〉
※問題は，【小学校全科以外　一般選考／適性選考／特例カ】と同じ。

【その他のテーマ・2次試験】　90分

〈国際貢献活動経験者特別選考〉

次の問題について，1及び2の項目別に論述しなさい。

学校教育では，様々な分野でグローバル化が進展している国際社会において，相手の立場や考えを尊重しつつ，主体的に考え，新たなものを創造できる能力をもって，世界を舞台に活躍する人材を育成することが求められています。

1　このことが学校教育に求められている背景について，あなたの国際貢献活動における経験に触れながら，あなたの考えを525字以内で述べなさい。ただし，420字を超えること。

2　あなたは学校の組織の一員として，相手の立場や考えを尊重しつつ，主体的に考え，新たなものを創造できる能力をもって，世界を舞台に活躍する人材を育成するために，これまでの国際貢献活動における経験をどのように活用して指導を行っていくか，児童・生徒の実態を踏まえながら1015字以内で具体的に述べなさい。ただし，840字を超えること。

〈スポーツ・文化・芸術特別選考〉

次の問題について，1及び2の項目別に論述しなさい。

学校教育では，スポーツや文化及び科学等に親しませ，学習意欲の向上や責任感，連帯感の涵養，互いに協力し合って友情を深めるといった好ましい人間関係の形成を図ることが求められています。

1　このことが学校教育に求められている背景について，あなたのスポーツや文化・芸術の分野における経験に触れながら，あなたの考えを525字以内で述べなさい。ただし，420字を超えること。

2　1で述べたことを踏まえ，あなたは学校の組織の一員として，これまでのスポーツや文化・芸術の分野における経験をどのように活用して指導を行っていくか，生徒の実態を踏まえながら1015字以内で具体的に述べなさい。ただし，840字を超えること。

2016年度　論作文実施問題

【小学校全科・小学校全科(理科コース)　一般選考／適性選考／特例カ・1次試験】

次の問題について，1000字以内で論述しなさい。ただし，840字を超えること。

【小学校全科・小学校全科(理科コース)　特例ウ，エ，オ・1次試験】

次の問題について，あなたのこれまでの教員経験から得た成果や課題を踏まえて，1000字以内で論述しなさい。ただし，840字を超えること。

【小学校全科・小学校全科(理科コース)　特例サ・1次試験】

次の問題について，あなたのこれまでの社会人としての経験を踏まえて，1000字以内で論述しなさい。ただし，840字を超えること。

●テーマ

次の問題について，1000字以内で論述しなさい。ただし，840字を超えること。

各学校では，一人一人の児童が，集団の一員として，安心して自分の力を発揮できるよう，教育の充実を図ることが求められています。

このことについて，あなたの考えを述べた上で，その考えに立ち，どのように学級経営に取り組んでいくか，述べなさい。

●方針と分析

(方針)

児童が「安心して自分の力を発揮」するために，どのような「教育の充実を図ること」が必要なのかを，社会的な背景や自分の今までの体験談などを踏まえて書く必要がある。また，今回の問題においては，児童が「集団の一員」において発揮できるようにと，具体的に指定されていることに注意すること。これらに関しての自身の考えをまとめた上で，どのように「学級経営に取り組んでいくか」を述べる必要がある。

(分析)

「教育の充実」といっても，様々なものが考えられる。学力が含まれるのは当然のことであるが，それだけを充実すれば達成できるというものではない。特に「集団の一員」として児童が自分の力を発揮するには，教師が常に児童の様子を把握しておく必要があるだろう。これは，東京都の教育に求められている教師像としてあげられている「子どものよさや可能性を引き出し伸ばすことができる教師」にも通じるものである。このようなことを踏まえて，小学校の教員としてどのような学級運営を取り組んでいくべきかを具体的に提示する必要がある。

●作成のポイント

文章の構成は，序論，本論，結論の3部構成でまとめるとよい。自身の考えをまとめる場合，読み手が読みやすいように書くことを心がける必要がある。自分の思いを書いても，それが相手に伝わらなければ意味がないからである。段落を分けて書く場合は，「840字」という字数下限に注意すること。

序論は，この課題に対する話題と自分の考えを述べるところである。話題に関しては，子供たちを取り巻く背景などを踏まえて書くとよい。

本論では，「安心して自分の力を発揮」できるようにするためには，どのようなことをするのか述べる。「あなたの考え」については，序論で述べているが，これと本論の内容が矛盾しないように書くことが大切である。本論は自身の論に説得力を持たせるところでもある。具体例や体験談なども含めて書くことが重要である。

結論では，もう一度自分の考えを簡潔にまとめ，教師としてどのような気持ちを持っているか，決意という形で書き上げるとよい。

なお，特例ウ・エ・オおよび特例サも同様の課題についてこれまでの教員経験あるいは社会人としての経験を踏まえて論述するが，そのような経験のない受験生であっても，これまでの学習や教育実習での経験などをもとに，論理の破綻が生じないようにていねいにまとめていきたい。

【小学校全科以外　一般選考／適性選考／特例カ・1次試験】

次のA，Bのうちから1題を選択して，1000字以内で論述しなさい。ただし，840字を超えること。また，解答用紙には，選択した問題の記号を○印で囲みなさい。

【小学校以外　特例ウ，エ，オ・1次試験】

次のA，Bのうちから1題を選択して，あなたのこれまでの教員経験から得た成果や課題を踏まえて，1000字以内で論述しなさい。ただし，840字を超えること。また，解答用紙には，選択した問題の記号を○印で囲みなさい。

【小学校以外　特例サ・1次試験】

次のA，Bのうちから1題を選択して，あなたのこれまでの社会人としての経験を踏まえて，1000字以内で論述しなさい。ただし，840字を超えること。また，解答用紙には，選択した問題の記号を○印で囲みなさい。

●テーマ

次のA，Bのうちから1題を選択して，1000字以内で論述しなさい。ただし，840字を超えること。また，選択した問題の記号を明記しなさい。

A　各学校では，児童・生徒に主体的に学習に取り組む態度を養う教育の充実を図ることが求められています。
　このことについて，あなたの考えを述べた上で，その考えに立ち，教師としてどのように取り組んでいくか，志望する校種と教科等に即して，述べなさい。

B　各学校では，児童・生徒に豊かな心を育む教育の充実を図ることが求められています。
　このことについて，あなたの考えを述べた上で，その考えに立ち，教師としてどのように取り組んでいくか，志望する校種と教科等に即して，述べなさい。

●方針と分析

(方針)

Aは「主体的に学習に取り組む態度を養う」こと，Bは「豊かな心を育む教育の充実」がポイントである。どちらも，児童・生徒が前向きに取り組んでいくために，教師がどのようなことをしなければならないか，自らの考えを表明し，それを踏まえて，具体的な取り組みを述べる。その際，児童生徒を取り巻く社会的背景などを書くことも重要である。

(分析)

「主体的」に取り組むことも，「豊かな心」を持つことも，児童・生徒が将来社会に生きていくうえで必要不可欠なことである。そして，学習指導要領の究極的な目標ともいえる「生きる力」の1つである

「豊かな人間性(自らを律しつつ，他人とともに協調し，他人を思いやる心や感動する心など)」の育成にも関連する。志望する校種の現行学習指導要領の総則編などで示されている内容を基礎として，自身の考えた経験を踏まえながら，まとめていくとよいだろう。

●作成のポイント

序論・本論・結論の3部構成で書き上げるとよい。本論では，字数制限を踏まえ，序論や結論での書き過ぎに注意する。勢いに任せて書き進め，序論と結論で述べた意見が異なるものになってしまわないよう，書き始める前に構成と字数配分のおおまかな構想を立てておくとよいだろう。

序論は，それぞれの問題の話題になっている部分について，自身の意見を端的に述べるところである。児童・生徒の現状を踏まえて書くことで分かりやすくなるだろう。

本論では，序論で述べた自分の意見を展開しなければならない。なぜそのような意見を持っているのかを具体例などを通じて書く必要がある。そして，次に「どのように取り組んでいく」かを書く。これに関しても，なぜそれに取り組みたいのかという理由を書くことが必要である。この根拠が明確であれば，1つの取り組みに絞ってもよいし，複数の取り組みをあげて論じてもよいだろう。

結論では，今までの内容を簡潔にまとめる。序論で示した意見を再び示し，自分の教師としての決意を書くことも大切である。

なお，特例ウ・エ・オおよび特例サも同様の課題についてこれまでの教員経験あるいは社会人としての経験を踏まえて論述するが，そのような経験のない受験生であっても，これまでの学習や教育実習での経験などをもとに，論理の破綻が生じないようにていねいにまとめていきたい。

〔その他のテーマ〕

【スポーツ・文化・芸術特別選考・2次試験】

●テーマ

次の問題について，1及び2の項目別に論述しなさい。

学校教育には，生徒に，現在及び将来の生き方を考え行動する態度や能力を育成することが求められています。

1　このことが学校教育に求められている背景について，あなたのスポーツや文化・芸術の分野における経験に触れながら，あなたの考えを15行(525字)以内で述べなさい。ただし，12行(420字)を超えること。

2　1で述べたことを踏まえ，あなたは学校の組織の一員として，これまでのスポーツや文化・芸術の分野における経験をどのように活用して指導を行っていくか，生徒の実態を踏まえながら29行(1015字)以内で具体的に述べなさい。ただし，24行(840字)を超えること。

【国際貢献活動経験者特別選考・2次試験】

●テーマ

次の問題について，1及び2の項目別に論述しなさい。

学校教育には，国際社会の平和と発展に貢献し未来を拓く主体性のある日本人を育成することが求められています。

1　このことが学校教育に求められている背景について，あなたの国際貢献活動における経験に触れながら，あなたの考えを15行(525字)以内で述べなさい。ただし，12行(420字)を超えること。

2　あなたは学校の組織の一員として，国際社会の平和と発展に貢献し未来を拓く主体性のある日本人を育成するために，これまでの国際貢献活動における経験をどのように活用して指導を行っていくか，児童生徒の実態を踏まえながら29行(1015字)以内で具体的に述べなさい。ただし，24行(840字)を超えること。

2015年度　論作文実施問題

【小学校全科・小学校全科(理科コース)　一般選考／適性選考／特例カ・1次試験】

次の問題について，1000字以内で論述しなさい。ただし，840字を超えること。

【小学校全科・小学校全科(理科コース)　特例ウ，エ，オ・1次試験】

次の問題について，あなたのこれまでの教員経験から得た成果や課題を踏まえて，1000字以内で論述しなさい。ただし，840字を超えること。

【小学校全科・小学校全科(理科コース)　特例サ・1次試験】

次の問題について，あなたのこれまでの社会人としての経験を踏まえて，1000字以内で論述しなさい。ただし，840字を超えること。

●テーマ

各学校では，児童に自他の生命を尊重する心を育てる教育の充実を図ることが求められています。

このことについて，あなたの考えを述べた上で，その考えに立ちどのように学級経営に取り組んでいくか，述べなさい。

●方針と分析

(方針)

キーワードである「自他の生命を尊重する心の育成」をどのように捉えているかについて，社会的背景や自身の経験などを踏まえて，その重要性を示す。その上で「学級経営」に関して，どう児童に接するのか，どのような学級を目指し作り上げていくのかといった方法を示す。「生命」についての捉え方と,「学級経営」の手腕という思想と行動の一貫性や，指導力を問われていることを理解した上で主張を展開しよう。

(分析)

「自他の生命を尊重する心の育成」は，学習指導要領の究極的な目標ともいえる「生きる力」の「豊かな人間性」に関連する。そのため,「すべての学年段階にわたる一貫した重点として考慮する」と位置づけている。小学校では特に，児童の個々の成長を注意深く見る必要があり，きめ細やかなケアが求められる。また，心身の発達過程に対して正しい知識と深い理解が必要である。そのような小学校教諭として必要な資質を踏まえ，指導方法について具体的に示したい。

●作成のポイント

基本的には序論，本論，結論の三部構成で考える。段落を分けてメリハリをつけて書こう。

序論では，現在の学校事情や社会事情といった教育的背景を挙げて導入とすると，スムーズに文章がつながるだろう。その上で「生命を尊重する心の育成」について，どう考えるのかをまず簡潔に示しておくと読み手が内容を把握しやすい。

本論ではまず，序論で示した考えの根拠を具体的に述べよう。ここでは，独自性のある意見が必要である。経験や教育現場の実情を基に，論理的で筋の通った主張を展開しよう。そしてその上でどのように指導していくのかを示すとよい。指導手腕が問われるこの部分が，本問で最も重要である。ここでも具体性，独自性が必要とされることを念頭に置こう。そしてそのような教育をするために，自分がすべきことについても触れるとよい。

最後にまとめとして，主張したい内容を手短にまとめよう。自分の意見をもう一度はっきりと述べ，今後の決意を述べておこう。

【小学校全科以外　一般選考／適性選考／特例カ・1次試験】

次のA，Bのうちから1題を選択して，1000字以内で論述しなさい。ただし，840字を超えること。また，解答用紙には，選択した問題の記号を○印で囲みなさい。

【小学校以外　特例ウ，エ，オ・1次試験】

次のA，Bのうちから1題を選択して，あなたのこれまでの教員経験から得た成果や課題を踏まえて，1000字以内で論述しなさい。ただし，840字を超えること。また，解答用紙には，選択した問題の記号を○印で囲みなさい。

【小学校以外　特例サ・1次試験】

次のA，Bのうちから1題を選択して，あなたのこれまでの社会人としての経験を踏まえて，1000字以内で論述しなさい。ただし，840字を超えること。また，解答用紙には，選択した問題の記号を○印で囲みなさい。

●テーマA

各学校では，児童・生徒の学習意欲を高める教育の充実を図ることが求められています。

このことについて，あなたの考えを述べた上で，その考えに立ち，教師としてどのように取り組んでいくか，志望する校種・教科等に即して，述べなさい。

●テーマB

各学校では，児童・生徒に自らが規範を守り行動するという自律性を育む教育の充実を図ることが求められています。
このことについて，あなたの考えを述べた上で，その考えに立ち，教師としてどのように取り組んでいくか，志望する校種・教科等に即して，述べなさい。

●方針と分析

(方針)

「学習意欲の向上」「自律性の育成」を軸に，自身が取り組む内容について意見が求められている。志望する校種や教科に即して書くとあるので，できる限り具体的に書くことが求められている。論文を作成するにあたり「学習意欲を高める教育」や「自律性を育む教育」を進めるべき理由についても説明したい。社会的背景も踏まえ，児童・生徒の生活や将来にどう影響するのかをしっかりと考察しておきたい。

(分析)

キーワードとなっている「学習意欲の向上」については，中教審答申「幼稚園，小学校，中学校，高等学校及び特別支援学校の学習指導要領等の改善について」において，基本的な考え方の一つとしてあげられており，今回の学習指導要領改訂では具体的方策として「生徒が学習の見通しを立てたり学習したことを振り返ったりする活動を計画的に取り入れる」等があげられている。一方，「自律性の育成」については，例えば中学校学習指導要領の道徳教育の内容の一つに「自律の精神を重んじ，自主的に考え，誠実に実行してその結果に責任をもつ」とある。道徳教育は学校の教育活動全体を通じて行われるものであるため，当然，各教科における指導でも反映されなければならないものと考えられる。

したがって，学習指導要領解説の総則編や道徳編などで示されている内容を基礎として，自身の考えた経験を踏まえながら，まとめていくとよいだろう。

●作成のポイント

考えや取り組む内容について，一つに絞る必要はないが，読み手にわかりやすく，また印象に残るよう整理することが大切である。また，机上の空論や現実味のない理想論にならないよう注意し，教師としてのあなたがイメージできる内容になるよう心がけよう。論文は基本的に序論，本論，結論の三部構成で考え，メリハリをつけて書くことを意識したい。

序論は情報化社会など，近年の社会情勢や学力低下や人権教育の必要性など，青少年の実態といった背景をおさえ，そこから教育の充実というテーマに結び付けてまとめるとよいだろう。

本論ではまず，児童・生徒にとって「学習意欲の向上」「自律性の育成」がどのような重要な意味を持つのかを論じたい。その際，日常の生活から将来の影響まで広くとらえておきたい。そして，その充実に向けた取り組みを述べる。志望する校種や教科を明確に示し，授業を通した指導も考える必要がある。体験談など，より身近な例をあげて有効性を示す方法も考えられる。先述の通り，ここでは論点を絞ること，論理的に書くことが大切である。複数の取り組みを挙げる際は，多角的な視点から考え，重複しない区別できるものにすると内容が深まる。

結論では，意見のまとめに加え，教職に対する熱意や意欲を示し，前向きな人柄を印象づけるとよりよいと思われる。

2014年度　論作文実施問題

【小学校全科・小学校全科(理科コース)　一般選考／適性選考／特例カ・1次試験】

次の問題について，1000字以内で論述しなさい。ただし，840字を超えること。

【小学校全科・小学校全科(理科コース)　特例ウ，エ，オ・1次試験】

次の問題について，あなたのこれまでの教員経験から得た成果や課題を踏まえて，1000字以内で論述しなさい。ただし，840字を超えること。

【小学校全科・小学校全科(理科コース)　特例サ・1次試験】

次の問題について，あなたのこれまでの社会人としての経験を踏まえて，1000字以内で論述しなさい。ただし，840字を超えること。

●テーマ

特別活動では，一人一人の児童が互いのよさや可能性を認め，生かし，伸ばし合うことができる教育を充実させることが求められています。

このことについて，あなたの考えを述べた上で，その考えに立ち，どのように学級経営に取り組んでいくか，述べなさい。

●方針と分析

(方針)

特別活動では，一人一人の児童が互いのよさや可能性を認め，生かし，伸ばし合うことができる教育を充実させることが求められている。

このことについて，自分の考えを述べた上で，その考えに立ち，どのように学級経営に取り組んでいくか，841～1000字で述べる。
(分析)

問題にある「一人一人の児童が…」は，特別活動の目標にある「望ましい集団活動を通して」に関する解説である。望ましい集団活動の条件について，小学校学習指導要領解説の第2章第1節1(1)では「活動の目標を全員でつくり，その目標について全員が共通の理解をもっていること」等，6項目をあげており，その分析を踏まえて，学級経営に取り組む方法を述ればよい。

学級活動の目標は「学級活動を通して，望ましい人間関係を形成し，集団の一員として学級や学校におけるよりよい生活づくりに参画し，諸問題を解決しようとする自主的，実践的な態度や健全な生活態度を育てる」であり，キーワードとしては各学年の目標にある低学年「仲良く助け合って学級生活を楽しくする」，中学年「協力し合って楽しい学級生活をつくる」，高学年「信頼し支え合って楽しく豊かな学級や学校の生活をつくる」が該当するだろう。また「指導計画と内容の取扱い」では「学級や学校の実態や児童の発達段階などを考慮し，児童による自主的，実践的な活動が助長されるようにすること」があげられている。

●作成のポイント

論点は①「一人一人の児童が互いのよさや可能性を認め，生かし，伸ばし合うことができる教育の充実」について自身の考えを述べること，② ①の考えを踏まえどのように学級経営に取り組むかを述べること，の2点である。

序論は200字程度で，①について，自分の考えを述べる。その際，なぜ今日，一人一人の児童が互いのよさや可能性を認め，生かし，伸ばし合うことができる教育の充実が求められているのかについて，「特別活動」の意義や児童の実態にも触れながら述べるとよい。

本論では序論で述べた①のテーマを踏まえて，②について述べる。

文量としては650字程度が目安になるだろう。具体的には「学級活動」や「学校行事」などが考えられる。体育や文化に関する行事，郊外宿泊行事などの「学校行事」は，「学級活動」との関連が大きいことに留意して述べる。

結論は，今日求められている一人一人の互いのよさや可能性を認め，生かし，伸ばし合うことができる子どもの育成に向けて，東京都の教員として学級経営などの特別活動の工夫・充実に向けて全力で取り組む決意を述べる。

【小学校全科以外　一般選考／適性選考／特例カ・1次試験】

次のA，Bのうちから1題を選択して，1000字以内で論述しなさい。ただし，840字を超えること。また，解答用紙には，選択した問題の記号を○印で囲みなさい。

【小学校以外　特例ウ，エ，オ・1次試験】

次のA，Bのうちから1題を選択して，あなたのこれまでの教員経験から得た成果や課題を踏まえて，1000字以内で論述しなさい。ただし，840字を超えること。また，解答用紙には，選択した問題の記号を○印で囲みなさい。

【小学校以外　特例サ・1次試験】

次のA，Bのうちから1題を選択して，あなたのこれまでの社会人としての経験を踏まえて，1000字以内で論述しなさい。ただし，840字を超えること。また，解答用紙には，選択した問題の記号を○印で囲みなさい。

●テーマA

各学校では，児童・生徒が知識や技能を活用して課題を解決するために必要な思考力，判断力，表現力を育む教育を充実させることが求められています。

このことについて，あなたの考えを述べた上で，その考えに立ち，教師としてどのように取り組んでいくか，志望する校種・教科等に即して，述べなさい。

●テーマB

各学校では，児童・生徒が互いに理解及び信頼し，目標に向かって励まし合いながら成長できる集団をつくることを目指しています。

このことについて，あなたの考えを述べた上で，その考えに立ち，教師としてどのように取り組んでいくか，志望する校種・教科等に即して，述べなさい。

●方針と分析

(方針)

A：各学校では，児童・生徒が知識や技術を活用して課題を解決するために必要な思考力，判断力，表現力を育む教育の充実が求められている。このことについて，自分の考えを述べた上で，その考えに立ち，教師としてどのように取り組んでいくか，志望する校種・教科等に即して841～1000字で述べる。

B：各学校では，児童・生徒が互いに理解及び信頼し，目標に向かって励まし合いながら成長できる集団をつくることを目指している。このことについて，自分の考えを述べた上で，その考えに立ち，教師としてどのように取り組んでいくか，志望する校種・教科等に即して841～1000字で述べる。

(分析)

A：「思考力，判断力，表現力」の育成は，学校教育における最重要課題の1つであり，学校教育法第30条第2項で教育目標として掲げられている。しかしながら，OECDのPISA調査などからは「思考力・判断力・表現力等を問う読解力」が課題とされており，教育目標に十分に応えられていない，という現状がある。それを踏まえ，学習指導要領改訂では「知識や技術の習得」「思考力，判断力，表現力の育成」等を重視している。さらに平成25年3月に策定された「東京都教育ビジョン(第3次)」でも，基本理念実現の5つの視点の1つに「激しい変化の社会を生き抜く思考力，判断力，表現力や想像力を育てる」とあり，具体的方法について「講義形式の指導だけでなく，言語能力の向上を図る取組や体験的活動が必要」としている。

B：問題にある集団の特徴は「特別活動」における，「望ましい集団づくり」に見ることができる。望ましい集団活動の条件とは「活動の目標を全員でつくり，その目標について全員が共通の理解をもっていること」等，6項目があげられている(小学校学習指導要領解説特別活動編の第2章第1節1(1)など)。

●作成のポイント

A：本論文の論点として，① 思考力，判断力，表現力を育む教育の充実が求められていることについて自身の考え，② ①の考えに立った取組の2点があげられる。

序論は200字程度で，①について述べる。その際，志望する校種を踏まえて，思考力，判断力，表現力の育成が求められている理由・背景を踏まえること。

本論は②について，650字程度を目安に述べる。具体的な取組については，志望する校種即ち児童・生徒の発達段階を踏まえて，自身が担当する教科や総合的な学習の時間などの学習指導のあり方を考えて述べる。

結論は，課題を解決するために必要な思考力，判断力，表現力を育む教育の充実について，今までの経験実績を活かし，東京都の教員として全力で取り組む決意を述べる。

B：本論文の論点として，① 児童・生徒が互いに理解及び信頼し，目標に向かって励まし合いながら成長できる集団をつくることを目指していることについての自身の考え，② ①の考えに立った取組の2点があげられる。

序論は200字程度で，①について述べる。その際，志望する校種を踏まえて述べることをおさえておこう。

本論は②について，650字程度を目安に述べる。その際，志望する校種即ち児童・生徒の発達段階を踏まえた取組及び学級活動などの特別活動を中心として，自身の担当教科や総合的な学習の時間などの学習活動の面からも具体的な取組について述べるとよいだろう。

結論は，児童・生徒が互いに理解及び信頼し，目標に向かって励まし合いながら成長できる集団づくりについて，今までの経験実績を活かし，東京都の教員として全力で取り組む決意を述べる。

2013年度　論作文実施問題

【小学校全科・一般選考／適性選考／特例カ 国公私立学校における非常勤講師等経験者・1次試験】

次の事例を読み，下の問題1及び2についてそれぞれ論述しなさい。

【小学校全科・特例選考(特例ウ　東京都公立学校における産休・育休補助教員又は期限付任用教員経験者／特例エ　東京都公立学校における準常勤講師経験者／特例オ　国公立学校における臨時的任用教員等経験者)・1次試験】

次の事例を読み，後の問題1及び2について，あなたのこれまでの教員経験から得た成果や課題を踏まえてそれぞれ論述しなさい。

【小学校全科・特例選考(社会人経験者)・1次試験】

次の事例を読み，下の問題1及び2について，あなたのこれまでの社会人としての経験を踏まえてそれぞれ論述しなさい。

A小学校では，今年度の指導の重点を「児童の自発性や自主性を育む教育活動の充実」としている。4月から第3学年の学級担任となったB教諭は，「自分からすすんでおこなおう」，「時間をまもろう」を学級目標に，全力で学級経営や生活指導に取り組んできた。

5月になり，B教諭は，自分の学級の児童数名が，授業開始のチャイムが鳴り終わった後に，廊下を走って教室に戻ってくることが気になっていた。

5月下旬のある日，B教諭は，高学年の児童が，下校間際に校庭に放置されていたボールを拾い集めている姿を目にした。調べてみると，ボールはB教諭の学級の児童が校庭に放置したものであることが分かった。

その日の学年会では，最近の学年の子供たちの生活規律が話題になった。

●テーマ1

B教諭は，この事例において，これからどのように生活指導に取り組んでいく必要があるか，500字程度で述べなさい。ただし，420字を超えること。

●テーマ2

あなたは，中学年の学級担任を命じられたとき，「児童の自発性や自主性を育む教育活動の充実」を実現するために，どのように学級経営に取り組んでいくか，1000字程度で具体的に述べなさい。ただし，840字を超えること。

●方針と分析

(方針)

テーマ1は，実例に挙げられている生活指導上の実態・課題と学級目標とを関連付けて，何が指導課題なのか，その指導課題に基づいてどのように生活指導に取り組むのか説明する。

テーマ2は，中学年の発達上の特徴を踏まえて，自発性や自主性を育むことと同時にそのために必要な一定の学級規律や規範意識のある学級経営の具体策を説明する。

(分析)

最近，実例のようなテーマは個人面接・集団面接や集団討論においても課されることがあるため，教育論と指導論が共に身に付けられるようにしていくことが大切である。

東京都は，最近は小学校と中学校・高等学校とは別のテーマにしている。今後もこの傾向は続くと思われる。また，事例を基に2つのテーマを設定するという出題方法は変わっていない。

●作成のポイント

テーマ1…序論では，テーマのような実例を基に，生活指導上の課題・実態と4月に設定した学級目標とを関連付けて，今何が指導課題なのかを100字程度で述べる。その際，事例は一部の児童の実態であることも踏まえておく。

本論では，序論に即して児童達に自発性や自主性を育むという視点から，自分達で確認した学級目標を協力・努力し合って達成していくことや達成するためのルールをお互いに守ることを学級活動などで再確認すること，上級生の人に迷惑をかけていることの反省などを400字以内で述べる。

なお，テーマ1では，テーマ2との関連から，必ずしも結論は述べなくてもよい。

テーマ2…序論では，中学年児童の自発性や自主性を育むことと併せてそのために必要な学級集団としての学級規律・ルールを守るという規範意識のある学級経営に取り組むことを200字程度で述べる。

本論では，学級目標を全児童が意欲的・主体的に参加・討論して決めるように配慮すること，決めた学級目標達成のための努力・助け合う活動を，学級活動などを通して学級経営を進めるだけでなく，学校行事や児童会活動の指導，道徳教育の充実，教科学習など，教育活動全体を通して学級経営を進めることを700字程度で述べる。

結論は，今まで述べた内容を踏まえて学級経営に取り組み，児童の自発性や自主性を育むことの決意を100字程度で述べる。

なお，テーマ1・2を合わせて長文であるため，時間配分には十分気を付ける。

【小学校全科以外・一般選考／適性選考／特例カ 国公私立学校における非常勤講師等経験者・1次試験】

次のA，Bのうちから1題を選択して，解答しなさい。選択した問題の記号を○印で囲み，1及び2の項目別に論述しなさい。

【小学校全科以外・特例選考(特例ウ　東京都公立学校における産休・育休補助教員又は期限付任用教員経験者／特例エ　東京都公立学校における準常勤講師経験者／特例オ　国公立学校における臨時的任用教員等経験者)・1次試験】

次のA，Bのうちから1題を選択して，解答しなさい。選択した問題の記号を○印で囲み，あなたのこれまでの教員経験から得た成果や課題を踏まえて，1及び2の項目別に論述しなさい。

【小学校全科以外・特例選考(社会人経験者)・1次試験】

次のA，Bのうちから1題を選択して，解答しなさい。選択した問題の記号を○印で囲み，あなたのこれまでの社会人としての経験を踏まえて，1及び2の項目別に論述しなさい。

●テーマA

各学校では，児童・生徒が知的好奇心を高め，試行錯誤を繰り返し，様々なことにチャレンジしながら成長していくことのできる教育の実現を目指しています。

1　このことについて，児童・生徒の実態を踏まえて，あなたの考えを500字程度で述べなさい。ただし，420字を超えること。

2　1で述べた考えに立って，あなたは教師としてどのように指導していくか，志望する校種・教科等に即して，1000字程度で具体的に述べなさい。ただし，840字を超えること。

●テーマB

各学校では，児童・生徒が集団や社会の一員であることを自覚し，主体的に集団や社会の役に立とうとする態度を養うことのできる教育の実現を目指しています。

1　このことについて，児童・生徒の実態を踏まえて，あなたの考えを500字程度で述べなさい。ただし，420字を超えること。

2　1で述べた考えに立って，あなたは教師としてどのように指導していくか，志望する校種・教科等に即して，1000字程度で具体的に述べなさい。ただし，840字を超えること。

●方針と分析

(方針)

A・Bのテーマとも，問題1では，「児童・生徒の実態」を踏まえて，「私の考え」を述べる。その際「児童・生徒の実態」について，どのような実例を，どのように述べるか，を考える。

(分析)

A・Bのテーマとも，今回の学習指導要領の理念の基となった2008年の中央教育審議会答申を踏まえたものである。また東京都が同年に策定した「東京都教育ビジョン(第2次)」においても，Aの課題は「重点教育施策25」に，Bの課題は「26」に提起されており，現在多くの学校で取り組まれていると考えられる。Bの課題の関連では，2006年に東京都が実施した小・中学生の意識調査の結果も掲載している。それによると，「将来人の役に立つ仕事がしたい」と「どちらかというとそう思う」と答えた両者を合わせると小学校5年生では約90％，中学2年生で約78％であった。

●作成のポイント

A：テーマ1…ポイントは，①自分の教育実習や学校ボランティア経験などでの実例を考えてみること，②その時の児童・生徒の実態を例に挙げる視点を明確にすること，の2点に留意して，序論では100字程度で述べ，本論でそのように考える理由・根拠などを400字程度で述べる。

なお，テーマ1では，テーマ2との関連から，必ずしも結論は述べなくてもよい。

B：テーマ1…Aの問題1と同様，次の2点がポイントである。①自分の教育実習やボランティア経験などでの実例を考えてみること，②その時の児童・生徒の実態を例に挙げる視点を明確にすること，の2点を考えて，序論は100字程度で述べ，本論でそのように考える理由・根拠などを400字以内で述べる。

A・B：テーマ2…両テーマとも1で述べた内容に即して，教育・指導の方策を説明する。

序論は，学習指導や特別活動など教育活動全体を通して取り組むことについて200字程度で述べる。本論では，教師，担任の二つの立場から，計画的・意図的に教科，道徳，特別活動，総合的な学習の時間などの教育活動全体を通して，児童・生徒が課題解決に向けて取り組むように教育・指導，支援するという内容を700字程度で述べる。

結論は，本論で述べた内容をまとめ，教育活動全体を通じて全力で取り組む旨の決意を述べる。

なお，テーマ1・2を合わせて長文であるため，時間配分には十分気を付ける。

※以下は他選考の試験内容のみの掲載になります。

【県教育委員会と連携した協調特別選考】

次の問題について，小学校を希望する受験者はA，特別支援学校小学部を希望する受験者はBを選択して，解答しなさい。選択した問題の記号を○印で囲み，1及び2の項目別に論述しなさい。

●テーマA

小学校では，児童自らが共に学ぶ楽しさや自己の成長に気付く喜びを大切にして，自らが成長を実感し，これからの課題や目標が見付けられるような指導を工夫する必要があります。

1　このことが今の学校教育に求められていることについて，社会的背景や児童の実態などにも触れながら，あなたの考えを500字程度で述べなさい。ただし，420字を超えること。

2　1で述べたことを踏まえ，あなたは小学校の教師として，児童自らが共に学ぶ楽しさや自己の成長に気付く喜びを大切にして，自らが成長を実感し，これからの課題や目標が見付けられるような指導をどのように実践するか，1000字程度で具体的に述べなさい。ただし，840字を超えること。

●テーマB

特別支援学校小学部では，児童自らが共に学ぶ楽しさや自己の成長に気付く喜びを大切にして，自らが成長を実感し，これからの課題や目標が見付けられるような指導を工夫する必要があります。

1　このことが今の学校教育に求められていることについて，社会的背景や児童の実態などにも触れながら，あなたの考えを500字程度で述べなさい。ただし，420字を超えること。

2　1で述べたことを踏まえ，あなたは特別支援学校小学部の教師として，児童自らが共に学ぶ楽しさや自己の成長に気付く喜びを大切にして，自らが成長を実感し，これからの課題や目標が見付けられるような指導をどのように実践するか，1000字程度で具体的に述べなさい。ただし，840字を超えること。

【スポーツ・文化・芸術特別選考】

●テーマ

次の問題について，1及び2の項目別に論述しなさい。

学校教育には，望ましい集団活動や体験的な活動を通して，生徒に実際の社会で生きて働く社会性を身に付けさせることが求められています。

1　このことが学校教育に求められている背景について，あなたのスポーツや文化・芸術の分野における経験に触れながら，あなたの考えを500字程度で述べなさい。ただし，420字を超えること。

2　1で述べたことを踏まえ，あなたは学校の組織の一員として，これまでのスポーツや文化・芸術の分野における経験をどのように活用して指導を行っていくのか，生徒の実態を踏まえながら1000字程度で具体的に述べなさい。ただし，840字を超えること。

2012年度　論作文実施問題

【小学校全科・一般選考・1次試験】

次の事例を読み，下の問題について論述しなさい。

【小学校全科・特例選考(期限付任用教員経験者)・1次試験】

次の事例を読み，下の問題について，あなたのこれまでの教員経験から得た成果や課題を踏まえて論述しなさい。

【小学校全科・特例選考(社会人経験者)・1次試験】

次の事例を読み，下の問題について，あなたのこれまでの社会人としての経験を踏まえて論述しなさい。

A小学校では，児童の学習意欲の向上を今年度の指導の重点としている。4月から第5学年の担任になったB教諭は，「すすんで学ぶ学級，みんなで学ぶ学級」を学級目標とし，全力で学習指導や生活指導に当たっている。

5月の連休明けに行った授業参観後の保護者会では，前年に比べ授業中の発言が少なくなったことや，勉強が面白くないと言って家庭学習をおざなりにする児童がいることなど，児童の学校や家庭での学習に取り組む姿勢が話題になった。B教諭は，保護者の発言を聞きながら，改めて自らの指導を見直し，指導の改善・充実を図る必要があると考えた。

●テーマ1

あなたがこの事例のB教諭であったら，どのような観点から自らの指導を見直すか，500字程度で述べなさい。ただし，420字を超えること。

●テーマ2

あなたは，「すすんで学ぶ学級，みんなで学ぶ学級」をつくるため，学級担任としてどのように実践していくか，1000字程度で具体的に述べなさい。ただし，840字を超えること。

●方針と分析

(方針)

テーマ1では「どのような観点」から書き手である自分の指導を見直すか，その考えを説明する。細かな字数制限に注意したい。テーマ2では「すすんで学ぶ学級，みんなで学ぶ学級」，つまり積極的な意見交換や授業参加があるクラス作りを目標に，小学校の学級担任としてのアクションプランを述べる必要がある。

(分析)

テーマ1：授業中の発言の減少や，勉強が嫌いになって家庭学習をおざなりにする児童が増えたことの原因は何なのか。児童に自ら学ぶ機会を与えていたか，児童が積極的に学習したくなるような授業が展開できていたかなど，生徒からの視点も踏まえて，自身の指導法について考えてみるとよい。

テーマ2：児童の学習意欲を高めさせるにはどうしたらいいのかを考えてみるとよい。例えば，児童に「答え」だけを求めるのではなく，答えにたどりつくまでの「過程」を意識させることは，分かった時の達成感を得られ，経験としては有益なものになるはずだ。

またこの事例設定とテーマは，OECDによるPISA調査などの調査から見られる，我が国の児童生徒についての課題(学習指導要領解説の総則編参照)と同じ内容で，シチュエーションを限定的にしているだけである。つまり，学習指導要領改訂の意義を理解し，それをどう現場に落とし込めるかという考察力と実践力を問うているといってもいいだろう。

●作成のポイント

【一般選考】

テーマ1：まず，事例に書かれている児童の現状についてまとめる。それらは，現在の児童の行動の実態を映していると考えられるので，そこに社会的背景を加味して述べてもいい。その後に，それらの現状を踏まえて，どのような観点から自らの指導を見直すかを述べる。児童の現状と観点は関連していなければいけないことを意識すること。

テーマ2：「すすんで学ぶ学級，みんなで学ぶ学級」にするにはどのように実践していくか。それは，生徒が自ら学ぶために，学級担任としてどのように関わればいいのかを示すということでもある。さらに，実践していくには根拠が必ず存在するはずなので，根拠も書く必要があるが，あなた自身が児童の発達段階をどのようにとらえていくかを絡めて書けば，実践することの理由を書くことにもなるだろう。いずれも，具体的に述べるようにしたい。

【教員経験者】

テーマ2：「これまでの教員経験から得た成果や課題を踏まえて」とあるので，「実践していく」ことについては，今までの教員経験の中で学んだことを述べる。注意したいのは，「教員の際にこのような経験をした」だけで終わらせてしまうこと。今までの経験から得たものから，「どのように実践していくか」という具体的なプランを明確に書かなければ意味がない(採用側はそれがいかに具体的であるかを知りたい)。そして，そこには実践する理由もあるはずなので，漏れのないように丁寧に記したい。

【社会人経験者】

テーマ2：「すすんで学ぶ学級，みんなで学ぶ学級」にするには何をどのように実践していくかを具体的に述べる。ここで大切なのは，ただ「実践していくこと」を書けばいいということではない。なぜ，それを行うのかという理由を明記する必要がある。また，言い換えれば組織の中でやる気やチームワークをどう養っていくかということなので，これらについて自身の社会人経験での実践例を，学級という場にどう落とし込むか示すとよい。

●論文執筆のプロセス

テーマ1

序論
・事例の問題点を取り上げる。
・本論につながるように意識する。

本論
・どのような観点から見直すかを述べる。
・事例に沿った内容にする。

結論
・序論・本論を簡潔にまとめる。

テーマ2

序論
・児童の実態や社会的背景を述べる。
・本論で書く「実践」に関連する話題にすること。

本論
・「実践していく」ことについて述べる。
・「実践」する「理由」も述べる。
・教員としての経験から述べる必要がある。(教員経験者)
・社会人としての経験を関連させる。(社会人経験者)
・児童の発達段階をどうとらえるかを関連して述べる。

結論
・序論・本論をまとめる。
・自身の教師としての決意を絡めてまとめる。

【小学校全科以外・一般選考・1次試験】

次のA，Bのうちから1題を選択し，1と2それぞれについて750字程度で論述しなさい。ただし，630字を超えること。

【小学校全科以外・特例選考(期限付任用教員経験者)・1次試験】

次のA，Bのうちから1題を選択し，あなたのこれまでの教員経験から得た成果や課題を踏まえ，1と2それぞれについて750字程度で論述しなさい。ただし，630字を超えること。

【小学校全科以外・特例選考(社会人経験者)・1次試験】

次のA，Bのうちから1題を選択し，あなたのこれまでの社会人としての経験を踏まえ，1と2それぞれについて750字程度で論述しなさい。ただし，630字を超えること。

●テーマA

今の児童・生徒は，学習意欲やねばり強く課題に取り組む態度に個人差が広がっていると指摘されており，各学校では，学習意欲を高め，ねばり強く課題に取り組む態度を養うことができるよう，指導の改善・充実を図っています。

1　学習意欲やねばり強く課題に取り組む態度に個人差が広がっていることについて，児童・生徒の実態を踏まえて，あなたの考えを述べなさい。

2　1で述べた考えに立って，全ての児童・生徒が学習意欲を高め，ねばり強く課題に取り組む態度を養うことができるようにするために，あなたは，教師としてどのように実践していくか，志望する校種・教科等に即して具体的に述べなさい。

●テーマB

今の児童・生徒は，自分に自信をもつことができず，将来や人間関係に不安を感じていると指摘されており，各学校では，全ての児童・生徒が自分に自信をもつことができるよう，指導の改善・充実を図っています。

1　自分に自信をもつことができず，将来や人間関係に不安を感じていることについて，児童・生徒の実態を踏まえて，あなたの考えを述べなさい。

2　1で述べた考えに立って，全ての児童・生徒が自分に自信をもつことができるようにするために，あなたは，教師としてどのように実践していくか，志望する校種・教科等に即して具体的に述べなさい。

●テーマA／方針と分析

(方針)

1では「学習意欲やねばり強く課題に取り組む態度に個人差が広がっていること」についての考えを述べ，それを前提として2では「教師としてどのように実践していくか」を説明する。

(分析)

そもそも，学習意欲やねばり強さに個人差が広がるのはなぜか。「児童・生徒の実態を踏まえて」とあるが，今の子どもの欠点をあげつらうばかりになりがちであるし，それは発展的ではない。それより，そのような児童・生徒に対する教師側の指導法に原因があるのではないかと謙虚に考えてみるべきである。

例えば，個々の児童・生徒の状態を見ずに，画一的な授業を展開していたり，反復学習が大切であると思い込んで，毎回同じようなプリント中心の授業をしたりしていれば，個人差は出てきてしまううえに，それに気づかないままだろう。そのように考えると，生徒・児童が自ら考え，自ら学ぶような授業展開を教師が考えていく必要がある。プリントでの復習だけではなく，生徒に基本的な部分を質問してみることに戻ってみるというのも，一つの方法だ。

●テーマA／作成のポイント

【一般選考】

1 「学習意欲」と「ねばり強く課題に取り組む態度」に個人差が広がっていることについてのあなたの意見を明確にする。そして，「学習意欲」を高めることや，「ねばり強く課題に取り組む態度」がなぜ必要なのか，目的や理由について述べる。

2 序論では本論につながるように，まず1で考えたことに簡潔に触れる。本論では1の考えを踏まえて「実践していくこと」を述べる。問題文に「志望する校種・教科等に即して」と前提条件があるので，志望校種の子どもの特性に合わせたものを書く必要がある。主に児童・生徒が興味を持つような授業，学習意欲が高まるような個性のある具体的な方策を述べる必要がある。結論では，それまでの内容をまとめ，どのような教師になりたいかの決意を絡めながら書いていくとよい。

【教員経験者】

1 「学習意欲」と「ねばり強く課題に取り組む態度」に個人差が広がっていることについてのあなたの意見を明確にする。そして，「学習意欲」を高めることや，「ねばり強く課題に取り組む態度」がなぜ必要なのか，目的や理由について述べる。

2 序論では本論につながるように，1で考えたことを簡潔に述べる。本論では1の考えを踏まえて「実践していくこと」を述べる。「これまでの教員経験から得た成果や課題をふまえ」と指示されている。今までの経験がどのように生かされているかは，「実践していく」ことで採点者側に明確に示すのだということを意識する。ただ「こういうことをした」で終わらすのでなく，「こういうことをした」経験でもってどのような考えや結果があなたの中に生まれ，さらに，そこからどのように実践していくかを現実的な路線で示していくのである。

【社会人経験者】

1 「学習意欲」と「ねばり強く課題に取り組む態度」に個人差が広がっていることについてのあなたの意見を明確にする。そして，「学習意欲」を高めることや，「ねばり強く課題に取り組む態度」がなぜ必要なのか，目的や理由について述べる。

2 序論では本論につながるよう1で考えたことを簡潔に述べる。「これまでの社会人としての経験をふまえ」と指示されているが，社会人経験の中には，発達段階の児童・生徒に合わないものもあるはずである。つまり，「対社会人の対応」をそのまま当てはめるだけではいけない。自分の社会人経験のどのような部分が，児童・生徒の成長に生かすことができるか，冷静な視点で考えながら，実践していくことをまとめてみるとよい。

最後に，「今までの経験がどのように生かされていくか」は実績や想いだけを語るのではなく，実践することではじめて輝くのであり，そのプランを採点者側に明確に示さなければいけないということを意識したい。

●テーマA／論文執筆のプロセス

1

序論

・児童・生徒の実態を述べる。
・自分の考えにつながる内容にする。

本論

・自分の考えを述べる。
・同じ内容を繰り返さないように意識する。

結論

・序論・本論の内容を簡潔にまとめる。

2

序論

・①で考えたことを簡潔にまとめ，本論につなげる

本論

・実践していくことを述べる。
・今までの教員生活の経験を踏まえて実践したいことを書く。「成果や課題を踏まえ」なので，今までの結果だけを書くのではなく，そこからどのようなことを実践していくのかまでしっかりと書く。(教員志望者)
・社会人としての経験については課題の内容に即したものを書く。(社会人経験者)
・学習意欲を高めることとねばり強くさせることに関連する内容を述べる。

結論

・今までの内容を簡潔にまとめる。
・どのような教員になりたいかの決意を入れて結ぶ。

●テーマB／方針と分析

(方針)

1では児童・生徒が将来や人間関係に不安を感じているという実態から，自分の考えを述べることが中心になる。2では，1の考えに立って，実際に教師としてどのように実践していくかを具体的に述べる。現状の児童・生徒に対する問題把握力と自己の指導力の認識，そして提案力と行動力を示すことがポイントである。

(分析)

なぜ今の児童・生徒は自分に自信をもつことができなくなっているのか，また，将来や人間関係に不安を感じているのか。原因としては周りの人間との学力の差，人との関わり方が上手でない，目標とする人物などがいないなどが考えられる。当然，このままでいいわけはない。これを改善するために指導していく必要があるのである。「自分に自信をもつことができるようにするため」にはどうしたらいいかが，次のポイントになる。これは生徒・児童が「自分もできるんだ」という前向きな気持ちを持たせることが大事である。そのためにどのようなことを実践していくかを考えてみるとよい。生徒・児童にどのようなことが出来たのかを具体的に示すというのも，自信を持たせる一つの方法であろう。また，生徒との信頼関係の構築も大きな要素であるだろう。

●テーマB／作成のポイント

【一般選考】

1　序論では，生徒・児童が自信を持てず，将来や人間関係に不安を感じている背景を，実態を踏まえて書く。本論では，序論で書いた内容に関して，自分がどのような考えを持っているか，そしてなぜそのような意見を持っているかという理由を事例を挙げつつ書くと論理的で分かりやすいだろう。結論では，序論・本論で述べた内容を簡潔にまとめる。2につながるようにあらかじめまとめておく必要がある。

2　序論では1で述べた考えをまず簡潔に示す。本論で述べる「実践したいこと」に通じる内容でなければならないことに留意する。本論では「実践していくこと」を述べる。生徒に自信を持たせるためには，授業に関してできることだけではなく，生徒と教師の間に日頃から信頼関係を築くことも必要なはずである。志望する校種・教科等に即して，どのように生徒・児童と接し，どのように指導をしていくかを具体的事例を挙げつつ書いていくようにしたい。最後に，自分の意気込みを記してまとめとする。

【教員経験者】

1　序論では，生徒・児童が自信を持てず，将来や人間関係に不安を感じている背景を，実態を踏まえて書く。本論では，序論で書いた内容に関して，自分がどのような考えを持っているか，そしてなぜそのような意見を持っているかという理由を事例を挙げつつ書くと論理的で分かりやすいだろう。結論では，序論・本論で述べた内容を簡潔にまとめる。2につながるようにあらかじめまとめておく必要がある。

2　本論までは一般選考と同じで，実践していくことを具体的に書き記していくのだが，前提として「これまでの教員経験から得た成果や課題を踏まえ」と指示されているので，当然「実践していくこと」については，今までの教員生活の成果や課題を絡めたものにしなければならない。

結論は，教員としての今後の決意を述べるが，ここでは教員としての経験を，これからの教員としての人生において，どのように生かしていくかという決意も絡めて書くべきだ。「これまでの教員経験」と「これから目指す教員像」に一貫性がないと思われないようにしたい。

【社会人経験者】

1　序論では，生徒・児童が自信を持てず，将来や人間関係に不安を感じている背景を，実態を踏まえて書く。本論では，序論で書いた内容に関して，自分がどのような考えを持っているか，そしてなぜそのような意見を持っているかという理由を事例を挙げつつ書くと論理的で分かりやすいだろう。結論では，序論・本論で述べた内容を簡潔にまとめる。2につながるようにあらかじめまとめておく必要がある。

2　序論では1で述べた考えを簡潔に示す。本論で述べる「実践したいこと」に通じる内容でなければならないことに留意する。本論では「児童・生徒が自信をつけるために実践していくこと」に触れるが，「社会人としての経験を踏まえて」と指示があることに注意。この指示は「実践していくこと」を述べる際に関連させなければならない。今までの自分の社会人経験の中で，生徒・児童に自信を持たせることに活かせるような具体的な事例を盛り込みたい。今回の中心テーマである「自信を持たせる」と関係のないことを書いてしまわないように気を付けること。

●テーマB／論文執筆のプロセス例

1

序論

・生徒・児童の実態を述べる。

本論

・序論を踏まえて，自分の考えを述べる。
・考えを持った理由も書く。

結論

・序論・本論の内容を簡潔にまとめる。
・②につながるようにまとめる。

2

序論

・①で述べた考えを簡潔にまとめる。
・新たな考えを提示しないこと。

本論
・実践していくことを述べる。
・志望する校種・教科等に即すること。
・今までの教員経験を踏まえて，実践していくことを述べる。(教員経験者)
・自分の社会人を踏まえた，実践していくことを述べること。(社会人経験者)

結論
・序論・本論を簡潔にまとめる。
・今までの教員経験をどう生かすかも簡潔に述べる。(教員経験者)
・自分の決意を含めてまとめ上げる。

2011年度　論作文実施問題

【一般選考／全校種共通】

次のA・Bのうちから1題を選択して解答しなさい。解答用紙には，選択した問題番号を○で囲み，1及び2の項目別に論述しなさい。

●テーマ

A　各学校では，児童・生徒が，基本的な知識・技能を確実に習得するとともに，思考力・判断力・表現力等を身につけることができるよう，指導の改善・充実に取り組んでいます。

1　このことについて，児童・生徒の実態や社会的背景に触れながら，あなたの考えを750字程度で述べなさい。ただし，630字を超えること。

2　1で述べた考えに立って，あなたは教師としてどのように実践していくか，志望する校種・教科等に即して，750字程度で具体的に述べなさい。ただし，650字を超えること。

B　各学校では，児童・生徒が，よりよい人間関係を築く力や社会に参画する態度を身につけることができるよう，指導の改善・充実に取り組んでいます。

1　このことについて，児童・生徒の実態や社会的背景に触れながら，あなたの考えを750字程度で述べなさい。ただし，630字を超えること。

2　1で述べた考えに立って，あなたは教師としてどのように実践していくか，志望する校種・教科等に即して，750字程度で具体的に述べなさい。ただし，650字を超えること。

●Aのテーマの分析

テーマは「基本的な知識・技能の習得」と「思考力・判断力・表現力等を身につける」の2点についての「指導の改善・充実」を問うている。この2点になぜ各学校は取り組んでいるのか。当然だが文部科学省ではなく，あなたの考えを述べる。そこにはこの2点の結びつきも必要である。

「基本的な知識・技能の習得」は学習指導要領の昭和52年改訂から求められ，「思考力・判断力・表現力等を身につける」は，平成10年改訂の「生きる力」と大きく関わっている。

「思考力・判断力・表現力等」とあるが，3点について述べるのではない。子ども一人一人に「考えさせ，判断させ，表現させる」力を備えさせる，つまり，主体的な行動力である「生きる力」の育成なのである。「生きる力」とはどのような力であるかは，今ここで解説することもない。

●Aのテーマの論点

「1」が論文文章構成での前文に相当する。このことは前述の「分析」を参考にして述べる。「生きる力」は「基本的な知識・技能の習得」の上に構築されるものであるが，この設問は「思考力・判断力・表現力等を身につける」具体的な方策を問うている。

まずなぜ，「基礎的・基本的な知識・技能の習得」と「思考力・判断力・表現力等を身につける」ことが必要なのかを述べる。さらにここで，あなたが本テーマをどのように実践するかの，基本的な考えを示す。これは結論に相当するものである。なぜそのように考えるかの理由も述べる。設問が求めている「子どもの実態や社会的背景」に，ここで触れてもよい。

「2」では，先に述べた結論の実践を具体的に述べる。筆者なら近未来に教師としてどのように実践するかである。さらに「志望する校種・教科等に即して」とある。これは担当教科科目の授業で，志望校種の子どもの発達段階を踏まえた取り組み方を論じる。

これが本文となるので，全体の3分の2の文字数を当てる。そのためには，教科と特別活動の授業や，教科の授業での2場面などを述べる。そこには，筆者の人柄をにじませたり，発達段階の子どもの特性への配慮などを「私ならこのようにする」と述べるといいだろう。

●Bのテーマの分析

学校では，子どもが「人間関係の構築力」や「社会に参画する態度」を身につける指導の改善・充実に取り組んでいるという。なぜこのような指導を行うのであろうか。学校は，家庭や社会と連携協力して子どもの人格形成の基礎的・基本的な教育を行っている。

その学校は集団教育の場であるから，「人間関係の構築力」や「社会に参画する態度」の基礎的・基本的な教育が行われる。学級や学年，さらには学校という大勢と学習する場のなかで，友だちをつくり，仲間を形成する。家庭という個人指導の場で過ごしていた子どもは，小学校就学時は自己中心的な言動をとる。それが中学年になると徒党時代といわれるように，集団の行動を取るようになる。この低学年から中学年への変容が，今回のテーマの基礎的・基本的な教育の第一歩なのである。そして中学校教育で，また高等学校教育でと指導は高まっていく。

あなたは志望校種の教師として，この課題にどのように応えるかを論述する必要がある。

●Bのテーマの論点

「1」ではまず，なぜ学校教育のなかで「人間関係の構築力」や「社会に参画する態度」の改善・充実に取り組んでいるかを述べる。その必要性は何かといえば，教育基本法では教育の目的を健全育成としており，対症療法ではないのである。このことを誤って捉えてはならない。さらにここで，あなたも近未来に教師としてこの課題にどのように取り組むか，その基本的な考えを明らかにする。すなわち，結論に相当するものを理由も添えて述べる。

「人間関係の構築力」も「社会に参画する態度」も，言い換えれば「コミュニケーション能力である。今日の志望校種の子どもの実態や社会的背景にも触れての結論をここで明らかにする。

「2」では，「1」で述べた結論の実践を具体的に述べる。コミュニケーション能力を育成し，「人間関係の構築力」や「社会に参画する態度」をどのように育成するかである。子どもの発達段階によって異なるであろう。高校生であるなら，高校生独特の心理を踏まえていなければならない。さらに人間関係であるから，あなたの人柄をにじませることである。近未来に教師としてどうするかを，2例は挙げる。

【産休・育休補助教員又は期限付任用教員経験者/準常勤講師経験者/国公立学校における臨時任用教員等経験者特例選考】

●テーマ

次の問題に1及び2の項目別に論述しなさい。

各学校では，児童・生徒等の実態に基づき，指導方法や指導体制を工夫・改善して，個に応じた指導の充実に取り組んでいます。

1　このことについて，あなたが今までの経験から得た成果や課題に触れながら，あなたの考えを750字程度で述べなさい。ただし，630字を超えること。

2　1で述べた考えに立って，あなたは教師としてどのように実践していくか，志望する校種・教科等に即して，750字程度で具体的に述べなさい。ただし，630字を超えること。

●テーマの分析

設問は，子どもの実態をふまえた「個に応じた指導」を問うている。学校は集団教育の場である。その学校という場では，子どもの個性や能力から現在の精神的な状況までも把握し，教育の最適化を図るのである。40人の子どもを前にして，「あなたならどうするか」と問われている。

子どもと一口にいうが，小学校低学年児と高校生とを同一視することはきない。そこには発達段階を踏まえた指導でなければならないのは当然である。

教職経験者向けの設問であるから，テーマの経験とは「教育経験」である。ここで問われているのは，経験談を求められているのではない。経験で得たものを，近未来に教師としてどう活かすかである。活かせない経験では，宝の持ち腐れと判断されかねない。

●論点

1　教職経験から得た「個に応じた指導」に関する宝物は何か。「個に応じた指導」の重要性をどのように会得したかである。思い出話ではなく，どんな場面でどのようなものを得たかである。これは失敗例でもよい。むしろそのほうが，貴重な教訓となる。

　この「1」は論文の前文である。筆者の考えを明確に示すことである。各学校では，なぜ「個に応じた指導」に取り組んでいるかを述べる。この今日的教育課題に，あなたならどのような実践をするかの結論を示す。その理由，あるいは根拠も明らかにする。

2　「1」で述べた結論の具現化である。近未来に教師として，いかなる実践をするかを具体的に述べる。「経験を活かす」ことであって，過去に何をしたかではない。具体的な方策を2点は挙げるべきだろう。それは教科科目の授業と特別活動でもよいし，教科科目の授業の2場面を述べてもよい。

【社会人経験者特例選考】

●テーマ

次の問題について，1及び2の項目別に論述しなさい。

各学校では，児童・生徒や保護者等の期待にこたえることができるよう，多様な資質・能力をもつ教師が連携・協働して，指導の改善・充実に取り組んでいます。

1　このことについて，児童・生徒の実態や社会的背景に触れながら，あなたの考えを750字程度で述べなさい。ただし，630字を超えること。

2　1で述べた考えに立って，あなたは社会人経験を生かして教師としてどのように実践していくか，志望する校種・教科等に即して，750字程度で具体的に述べなさい。ただし，630字を超えること。

●テーマの分析

子どもや保護者が，学校に期待しているものは何であろうか。教育基本法に「教育は，人格の完成をめざし」とある。学校はその「人格の完成」のために，何をするところであろうか。その期待にこたえなければならないのである。

学校は集団教育の場であるから，そこの教員集団によって計画的，組織的に教育は営まれる。集団教育の場ではあるが，さらに個に応じた指導が求められている。そこで教員集団としてどのような連携・協働が行われ，指導の改善・充実に取り組まれているのであろうか。このことの筆者の考えが問われているのである。

特に今日の子どもは多様化しているので，それに対応できる教師であり教員集団が求められているのは当然である。あなたはこの教育課題に，どのように向き合うかを考える。

平成9年7月に発表になった，教育養成審議会答申「教員に求められる資質能力」の第3項目に，「多様な資質能力を持つ個性豊かな人材によって構成される教員集団が連携・協働することにより，学校という組織全体として充実した教育活動が展開できる」とある。

●論点

1　ここで述べることは，児童・生徒の実態や社会の背景から，教師はどのように連携・協働して，指導の改善・充実に取り組むことが望まれるか，である。志望校種の子どもの実態や環境から，学校教育の望まれる連携・協働態勢を述べる。さらにあなたなら，この望ましい連携・協働態勢にどのように加わり，指導の改善・充実に取り組むかである。ここではその結論を述べる。その結論が，これまでの社会人経験と何らかの関わりがあるなら，根拠としてそのことを述べるとよい。ただし，経験談ではいけない。

2　前述の結論の具現化である。筆者の具体的な指導の改善・充実策を，2点について述べる。小学校教師を志望しているなら，教科指導の教材研究と児童理解もよい。また，総合的学習での連携・協働と指導の改善・充実策でもよい。

　ここに「社会人経験を生かして」とある。あなたには社会人としての貴重な経験があるはず。それをここで生かす(「活かす」という意味)のである。生かすとはいっても決して思い出話を述べるのではない。指導の改善・充実につなげるのである。ここにあなたの人柄をにじませ，個性豊かな人材であることを示すとよいだろう。

2010年度　論作文実施問題

【一般選考／全校種共通】

次のA，Bのうちから1題を選択して解答しなさい。解答用紙には，選択した問題の記号を○印で囲み，1及び2の項目別に論述しなさい。

●テーマ

A　今，学校教育には，児童・生徒が学ぶ意欲を高め，様々なことにチャレンジしながら成長することのできる指導の充実が求められています。

1　このことについて，社会的な背景や自分自身の経験などにも触れながら，理由を明らかにして，あなたの考えを630字を超え，750字程度で述べなさい。

2　1で述べた考えに立って，あなたは教師としてどのように実践していくか，志望する校種・教科等に即して，630字を超え，750字程度で具体的に述べなさい。

B　今，学校教育には，すべての教育活動を通じて，児童・生徒に自他の生命を尊重する態度を養うことが求められています。

1　このことについて，社会的な背景や自分自身の経験などにも触れながら，理由を明らかにして，あなたの考えを630字を超え，750字程度で述べなさい。

2　1で述べた考えに立って，あなたは教師としてどのように実践していくか，志望する校種・教科等に即して，630字を超え，750字程度で具体的に述べなさい。

●Aのテーマの分析

現在，学校では子どもを「学習意欲を高め挑戦させて」成長させる指導が求められているという。なぜであろうか。この指導が求められている理由を，①社会的な背景，②あなたの経験の2点に触れて述べる。

①はマイナス面にのみ目が向きがちだが，学校教育の基本理念は「生きる力」の育成である。これを受けての今日的教育課題に，この「意欲と挑戦」がある。未来志向も合わせて述べる。②は単なる思い出話ではなく，経験で得たものは何かを明確にする。己の児童・生徒時代のことを思い返すのもよいし，教育実習での経験でもよい。それが失敗したことであってもよい。貴重な経験として「2」の実践に活かせるとらえ方をするのである。

「2」では，志望校種の子どもをどのように理解し，具体的にどう実践するかを述べる。高校教育であるなら，義務教育での学習内容の確実な定着を基盤とした「自立」が基本理念である。そこに「意欲と挑戦」をいかに絡ませるかである。それが中学校教育では第2反抗期という生徒の特性にどう配慮するかである。それが小学校教育になると幼・中・高学年児の特性を踏まえた「おもしろい，やってみよう」となる教え方である。

●Aのテーマの論点

今日の社会背景から，新しい時代に生き抜く児童・生徒を育むのに学ぶ意欲とチャレンジ精神の涵養が必要であることを述べる。この考えを生み出した経験に触れるのもよい。経験で得たものは何であるかを明らかにする。失敗した経験は貴重なものであるから，ここで取り上げるのもよい。

まず経験で得たものを，どう活かすかの結論を述べる。その結論を達成させる具体的な方策を述べる。志望校種の子どもたちの特性を述べ，教科科目でどのように導くかである。小学生の低学年の算数の授業であれば，「意欲と挑戦」に対する結論は「楽しい授業にする」などである。この意欲と挑戦は分離できるものではないので，総合的に論述すればよい。

具体的な方策を2例挙げるのであるが，「活動の場を与える」と「自己挑戦させる」などでもよい。前者は児童の動きを中心とした試みであり，後者は「できた」の達成感を抱かせるなどである。

●Bのテーマの分析

平成10年6月の中央教育審議会答申に「幼児期からの心の教育の在り方」がある。この答申で「心の教育」が発表された。答申の中に「豊かな人間性」を挙げ「生命を大切にし，人権を尊重する心などの基本的な倫理観」と定義づけている。

「生命の尊重」は不易の教育課題である。いかなる時代であろうと変わるものではない。その教育課題がなぜ「今」なのであろうか。そして「自他の生命」であることに留意することである。命の重さは自他には関係なく尊重されなければならないということを，どのように納得させるかである。

平成12年に新聞や雑誌等で，「『なぜ人を殺してはいけないのか』と子どもに聞かれたら」を取り上げ，多くの知識人の回答が載っていた。一人として同じはなかった。書き手は志望校種の児童生徒に，「なぜ人を殺してはいけないか」の回答をどのようにするのか。「命」の大切さをどのように説明するのか。簡単に命を奪ってしまう事件が多発している今日である。学校教育の中で，「あなたならどうするか」と問われているのである。

●Bのテーマの論点

「生命の尊重」について書き手の考えをまず明記する。それにあわせて「自他の生命を尊重する態度を養う」教育の必要性を述べる。不易な教育課題であるとともに，今日の社会背景との関わりも述べる。

このような考えを持った根拠に，何らかの経験が関わっているのでべるとよい。

経験で得たものは何で，それを近未来に教師としてどのように活かすかである。まずその結論を述べる。どのように教えるかの結論である。結論を述べることによって，書き手の主張を明確にすることができるし，論述の迷走を防ぐこともできる。

その結論を達成させる具体的な方策を2例挙げる。志望校種の子どもたちの特性を配慮し，そして書き手の経験で得たものを活かすのである。テーマには「教科等に即して」とあるから特別活動や道徳の授業でもよい。

わが子を亡くした保護者が新聞等で公表した手記を，教材として授業で使用するのもよい。ただ，どのように使用するかを述べることである。経験を活かすなら，両親を亡くした高校生との出会いや，交通事故での悲惨な情景などの教材化もよい。ただ，話し聞かせるだけでは，書き手らしさが表現できないのではなかろうか。

【社会人経験者特例選考】

●テーマ

今，学校教育には，自分のよさや可能性などに気付き，自らの将来を考え，自分らしい生き方を実現していこうとする態度を育成することが求められています。

このことについて，あなたは社会人経験を生かして教師としてどのように実践していくか，志望する校種・教科等に即して，1260字を超え，1500字程度で具体的に述べなさい。

●テーマの分析

テーマは自己理解をとおして可能性に挑戦させ，「自分らしい生き方」を見出す態度を育成させるのである。まさに「生きる力」を育むという今日的教育課題である。

今回の新学習指導要領では，小・中・高校を通して「生きる力」を継承している。高校生には，目前の進路選択という大きな課題がある。そのためには，生徒自身に自己発見や自己理解の機会を与えていく必要がある。その過程で教師の支援が待たれるのである。どのような機会を与えどのような支援をするのか，高校生気質を踏まえた関わり方が問われているのである。

高校生ともなると教科科目の好き嫌いがはっきりし，「私は文科系人間である」などと決めてかかることが多い。生徒自身が自己理解や自己発掘に挑戦することによって，今まで見えなかったことが発見できるのである。

また教師の関わり方にも大きく影響される。魅力ある授業を受ければその科目は好きになり，成績も向上する。教師の魅力ある授業への工夫が，ここでは待たれている。

中学生や小学生という発達段階でも，「生きる力」の育成が求められている。教師だからといって，子どもの個性を決めてかかるようなことがあってはならない。

社会人としての経験を生かすということは，思い出話をすることではない。経験で得たことは何で，その得たことを近未来にどのように実践に生かすかである。

●論点

前文では，なぜ子どもらに自己理解から可能性に挑戦させ，「自分らしい生き方」を見出す態度を育成させることが求められているかを述べる。この考えをどのように実践に移すのか，ここで筆者の基本的な考えを示す。例えば，「理屈より実践を」とし，実践によってこそ，新たな発見があるという信念を示す。これによって論述の方向性を明らかにする。

本文は信念の具体化である。方策として2例を挙げる。志望校種が中学校であるなら，中学生の特質をふまえた実践でなければならない。教科でレポートの提出を求めるとき，用紙の大きさのみ指定し，展開にはアイデアをフルに発揮させるなどもある。技能教科なら生徒の発想が生かせる場を与え，工夫を促すのである。

文化祭や運動会の企画や反省に話し合いの場を設け，具体的な提案をさせることも可能であろう。自由な学級討議などは，生徒の発想を豊かにする。ただ教師としての関わり方が問われていることを忘れてはならない。この本文の字数は，全体の3分の2とするのがよい。

最終段落では，このテーマに関する筆者の研修課題を挙げるとよい。子どもの自己理解や可能性への挑戦に，適切な支援の手を差し伸べるのは容易なことではない。この研修課題の解明へ，あなたの努力する姿を示すのである。

【現職教員等】

●テーマ

今，学校教育には，児童・生徒の発達の段階を踏まえた体験活動の充実が求められています。

1　このことについて，あなた自身が教員としての経験の中で学んだことや実践したことなどに触れながら，理由を明らかにして，あなたの考えを630字を超え，750字程度で述べなさい。

2　1で述べた考えに立って，あなたは教師としてどのように実践していくか，志望する校種・教科等に即して，630字を超え，750字程度で具体的に述べなさい。

●テーマの分析

体験学習は教育課程で学校行事として位置づけられているものと解することができる。ということは，学校全体や学年単位での取り組みで，宿泊を伴う行事もあれば，中学校の体験学習や高校の奉仕もある。教育課程は前年度中に編成され，校長名で教育委員会に報告されるので，一人の教師の発案で実施できる行事ではない。

発達段階は，子どもは小学校低学年児から高校生までを5段階に心身の発達を区分けするのが一般的である。その各段階の児童・生徒の特質を押さえておくことである。

・小学校低学年児は自己中心的な言動をし，他人のことなど眼中にない。中学年児は友だちの楽しさを知り，集団で行動するようになり徒党時代(またはギャングエイジ)という。高学年児は2次性徴がみられ，競争心理が先行する。

・中学生は第2反抗期に入り，理由なしに反抗する。親離れの時期である。

・高校生は子どもから大人への脱皮時期で，要領よく立ちまわる。

志望校種の特質を踏まえた体験活動の充実である。なぜ「今」なのであろうか。現実の負の面を指摘するのではなく，未来志向で述べるのである。

現在の赴任校の経験の中で学んだことを，近未来には教師としてどのように生かすかである。志望校種の子どもの特性を踏まえた実践である。「教科等に即して」とあるが，これは「教育課程内でのこと」と解するとよい。教科科目はもちろんのこと，総合的学習や特別活動として実施していく体験活動の充実である。経験で得たことを具体的にどのように活かすかを述べるのである。

●論点

学校教育で発達段階を踏まえた体験活動の充実が求められているという。まずその理由を明確にする。その理由づけには現任校での経験と結びつけるとよい。特に志望校種の子どもの発達段階をどのように捉え，その子らにとっての体験学習がどのような効果を上げたかを述べるのもよい。

ここでは経験談を求めているのではない。経験から得た望ましい体験活動の姿を示すのである。

望ましい体験活動が実施できるよう，あなたはどのように関わるかである。学級担任としてや教科担当としての具体的な関わり方を2例挙げる。ここではあなたならではの個性の豊かさや，子どもとの接し方を示すとよい。

小学校理科の授業で，レモンの木でアゲハ蝶の幼虫の成長を観察させるなど，具体的な方策を述べるのもよい。だが，低学年児と高学年児とでは，学習のさせ方が異なるはずである。指導内容ではなく，指導方法だと筆者の工夫の跡が示しやすいであろう。

2009年度　論作文実施問題

【一般選考／全校種共通】

次のA，Bのうちから1題を選択して解答しなさい。解答用紙には，選択した問題の記号を○印で囲み，1及び2の項目別にそれぞれ700字程度で論述しなさい。

●テーマ

A　今，学校教育には，各教科等において言語活動を充実させ，児童・生徒の言語に関する能力を高めていくことが求められています。

1　このことについて，社会的な背景や自分自身の経験などにも触れながら，理由を明らかにして，あなたの考えを630字以上800字以内で述べなさい。

2　1で述べた考えに立って，あなたは教師としてどのように実践していくか，志望する校種・教科等に即して，630字以上800字以内で具体的に述べなさい。

B　今，学校教育には，未来への夢や目標を抱きながら，将来にわたって社会をつくる営みに積極的に取り組むことができるような児童・生徒を育成することが求められています。

1　このことについて，社会的な背景や自分自身の経験などにも触れながら，理由を明らかにして，あなたの考えを630字以上800字以内で述べなさい。

2　1で述べた考えに立って，あなたは教師としてどのように実践していくか，・志望する校種・教科等に即して，630字以上800字以内で具体的に述べなさい。

●Aのテーマの分析

新学習指導要領は，小学校では平成23年度，中学校では24年度に全面移行されるが，多くの学校は前倒で実施を始めている。高校では，25年度の入学生から学年進行で実施される。この改訂要領では授業時間を増加して学習量を復活させ，さらに全教科で「言語活動」の充実を求めている。これは「対面型」コミニュケーション力といえる。

最近の子どもたちの言語生活が，種々のゲーム・携帯電話その他のメディアの発達により大きな影響を受けている。それは2000年代に行われた高校1年生対象のOECDやPISAでの調査で日本は続けて順位を下げ，活用力や読解力に問題があるとされた。

この現実を受けて言語能力の育成が求められいるのである。この育成の基本姿勢は「正解は一つではないとし，異なる意見を聞く。なぜそうなるかを理解し，自分の意見も理由をつけて説明し協力して課題解明に努める」といえよう。

●Aのテーマの論点

「1」で述べることは，まずテーマが求めている「言語に関する能力」とはどのような力であるかを明確にする。そして次に，なぜ言語活動の充実が求められているかを述べる。これは今日的教育課題として問われているが，言語活動能力は社会人としては当然備えていなければならない不易なものでもある。流行としての教育課題としてのみ受け止めてはならない。

「2」では，志望校種の子どもの特性を示し，言語活動能力の育成にいかに取り組むのか，まず結論を述べる。

次に，結論を具体的にどのように実践するかを2例挙げる。教科の授業と特別活動とするなどである。ここでは教師としてどのように関わるかを具体的に述べるのである。書き手(受験者のあなたのこと)の豊かな個性を示すことが望ましい。

●Bのテーマの分析

テーマが求めている「未来への夢や目標を抱きながら，将来にわたって社会をつくる営みに積極的に取り組む」はなぜか。小学生にしても高校生にしても，この教育を必要としないとする教師はいないであろう。ではなぜ必要なのか，キャリア教育の前段階でのことである。

小学生はたとえ低学年であっても，「未来への夢や目標」は持っている。プロ野球の選手や新幹線の運転手という大きな夢である。さらに，その夢や目標は一過性のことが多い。昨日の夢は，今日には変わってしまっているということが多い。だがそれでよいのではなかろうか。夢を追うことに，この発達段階の児童には貴重な意味を持つからである。

それが高校生になると現実をふまえた夢であり目標となる。自己理解を含めて現実を見つめたとき，彼らの抱く夢は修正を余儀なくされる。そこに試練や挑戦が生じる。

「将来にわたって社会をつくる営み」に関わらせるには，小学生の段階ならどうするかである。それが高校生を対象とするならばとなる。小学生での社会は学級である。クラスメートと仲良くすることが，社会をつくる第一歩なのである。

●Bのテーマの論点

「1」では，この問に関しての書き手の考えを述べる。なぜ「未来への夢や目標を抱きながら，将来にわたって社会をつくる営みに積極的に取り組ませる」という必要性があるのか。ここでは小中高校生すべてとしてもよいし，また志望校種に絞り込んでもよい。「自分自身の経験にも触れ」とあるが，これは経験談を求めてるのではない。経験で得たことを活かすのである。

「2」では書き手らしい実践方法を述べるのである。「未来への夢や目標を抱き」というが，志望校種の子どもたちはどのようであると書き手は認識しているかである。そのこどもらの実態を受けて，書き手はどのような支援をするかである。その具体的な方策を2例述べる。2

教科の授業でもよいし，授業指導の中と特別活動でもよい。教員採用試験の論文であるから，評論文であってはならない。そこに書き手の豊かな個性を滲ませるのである。

留意することは，子どもは持っている夢を，学級環境によっては隠すという行為をする。夢を明らかにすることによって「笑われる」ことを恐れるからである。この発達段階の特質をいかに把握し，それにどう配慮するかである。教師としての大事な対応の要素なのである。

【社会人特別選考・社会人経験者特例選考】

●テーマ

次のことについて，1260字以上1600字以内で論述しなさい。

教師には，基礎的・基本的な資質・能力を確実に身に付けるとともに，社会経験で培ってきた得意分野や個性を積極的に生かしていくことが求められています。

このことについて，社会人経験を生かしながら，教師としてどのように実践していくか志望する校種・教科等に即して具体的に述べなさい。

●テーマの分析

この設問が問うているのは，①教師の基礎的・基本的な資質能力の取得　②社会経験で培った得意分野や個性の活用である。なぜこの2点が教師に求められているかは，中央教育審議会答申にある。①は，平成9年7月の「教員に求められる資質能力」であり17年10月の「優れた教師の条件」である。これらを参考にして己の言葉で表現できるようにする。

②は得意分野及び趣味や興味関心に関することである。まず己自身の自己分析をする。それらは経験から見出されたものもあろうし，ま

た毎日の生活の中から抱き始めたものもあろう。経験といっても思い出話を求めているのではない。自己理解ができていることを示すのである。だが自画自賛であってはならない。他人より優れている必要はないからである。

この2点の集約として9年の中央教育審議会答申では不易と流行の資質能力とともに「個性分野をもつ個性豊かな教員」を挙げている。ここでは「積極的に各人の得意分野づくりや個性の伸長を図る」ことが求められているのである。

●論点

前文では教師にとって①がいかに重要であるかを述べ，その中でも②が求められている理由を述べる。次に社会経験で培ってきた己の②を示し，志望校種の子どもを育むのにどのように関わるのか，その結論を明らかにする。

本文ではこの論文で対象にしている子どもの発達段階をどのようにとらえているかを述べ，学級担任あるいは教科科目担当としてどのように関わるかを示す。その関わり方を2例挙げる。この本文の字数は全体の3分の2を当てるとよい。

最終段落では，この設問に関する己の研修課題を挙げ，今後この課題解明にどのように努力するかを簡潔に述べる。

【現職教員等】

●テーマ

次の事例を読み，下の問題について，1260字以上1600字以内で論述しなさい。

A教諭が担任する学級に在籍しているBさんは，4月当初には教室で授業を受けていたが，学級になじめず，休み時間は保健室で過ごすことが多かった。4月下旬になると，休み時間だけではなく，授業時間中も保健室で過ごすことが多くなり，5月の連休明けには，毎日保健室に登校するようになった。A教諭の学級の子供たちは，最初のうちは「Bさんはどうしたの。」とA教諭に尋ねていたが，しだいにBさんのことを気にする様子が見られなくなってきた。A教諭は，Bさんのことが気になってC養護教諭にBさんの指導について相談するとともに，保護者とは何度か連絡をとったが，解決策を見いだせなかった。A教諭が他の子供たちへの指導に追われるうちに，Bさんへの指導はC養護教諭に任せきりになってしまっていた。保健室への登校が1か月を過ぎた6月中旬のある日，C養護教諭はBさんから「私は学級のみんなから嫌われているように思う。」と打ち明けられた。

問題

あなたが，この事例のA教諭であったら，この状況をどう判断し，どのように対応するか，A教諭の課題を明らかにしながら，あなたの経験に基づき，志望する校種に即して具体的に述べなさい。なお，養護教諭で受験している者は，C養護教諭の立場で論述すること。

●テーマの分析

学級担任と養護教諭とがどのように連携をとったらよいかを問うている。この連携の取り方は校種によって異なるので，どのように対処するかを発達段階をふまえて述べることである。段階的には次のようになる。

①Bが休み時間になると保健室にいくようになったとき，その変化をどう読み取ったか。また，そのときに学級担任として何をしたか。

②授業に出なくなるようになったとき，学級担任としてどうしたか。

③保健室登校になったとき，学級担任として何をしたか。

あなたならどうしたかを問うている。③になったということは，①及び②で何もしなかったか，あるいは不十分な対処であったといえよう。

設問は「経験に基づき」であるが，経験談を求めているのではない。経験したことを活かすのである。①での不十分な対応で②にしてしまったという反省にたって，どうするかを述べるなどである。

養護教諭であるなら対応の仕方は異なるが，大筋は同様である。①の段階で手を打てば②にならずにすんだのではなかろうか。①で何をどのようにするかである。

●論点

〈学級担任として〉

設問は③まできてしまったのである。そこではじめてBの「みんなから嫌われているように思う」という情報を養護教諭から受けたのである。まずここまで来てしまったことに対する反省を述べる。そこでこれからどうするかの結論を明らかにする。これが前文である。

次の本文では，結論に至る具体的な方策を2例挙げる。

その1が，養護から経過報告を詳細に受け，本人との話し合いを行う。「嫌われている」とした判断理由と，今後どうしたいかを聞く。

その2が，小中学校であるなら保護者との連携である。③となるまで気付かなかったことに対し謝罪をする。本人の要望に対する保護者の考えを聞く。そして学級担任としてどうするかを述べ，了解を得る。この本文の字数は，全体の3分の2を当てるとよい。

このほかに，学級の子どもたちへの対応がある。Bが「嫌われている」とする根拠の排除をどうするかである。

〈教護教諭志望なら〉

③になったのは，学級担任との連携のまずさがある。どこに問題があったかを述べる。そして③でどう対応するかである。前文で結論を述べ，本文で具体的な対応の仕方を2例挙げる。最終段落は，この設問に関する己の研修課題と課題解明にどう努力するか等を述べるとよい。

2008年度　論作文実施問題

【一般選考／全校種共通】

次のA，Bのうちから1題を選択して解答しなさい。解答用紙には，選択した問題の記号を○印で囲み，1及び2の項目別にそれぞれ700字程度で論述しなさい。

●テーマ

A　今，学校教育には，児童・生徒の学習と将来の生活との関連を図りながら，知識や技能を習得できるようにする指導の充実が求められています。

1　このことについて，社会的な背景やこれまでの経験などに基づき，理由を明らかにして，あなたの考えを700字程度で述べなさい。

2　1で述べた考えに立って，あなたは教師としてどのように実践していくか，課題を明らかにした上で，志望する校種・教科等に即して，700字程度で具体的に述べなさい。

B　今，学校教育には，児童・生徒に，学習や生活などに前向きに取り組む力のもととなる，健全な自尊感情を高めることが求められています。

1　このことについて，社会的な背景やこれまでの経験などに基づき，理由を明らかにして，あなたの考えを700字程度で述べなさい。

2　1で述べた考えに立って，あなたは教師としてどのように実践していくか，課題を明らかにした上で，志望する校種・教科等に即して，700字程度で具体的に述べなさい。

●Aのテーマの分析

テーマは「学習と将来の生活との関連を図り，知識や技能の習得」について問うている。よく中学生や高校生は「何のために数学を勉強するのか」とか，「英語を知らなくても生活はできる」と学習する目的に疑問を抱く。何のためにこの苦労をするのかと，学習の目的を見失っているのである。学習する意義を認めさせる論法をいくつか挙げる。この実践の中に，知能や技能の習得が含まれる。

① 頭脳の活性化のためである。青少年期の頭脳は柔軟で鍛える好機である。ここで鍛えて生涯を築く基礎づくりをする。

② 若人は無限の可能性を秘めている。その可能性を一つ一つ形成していくのが学習である。

③ 人間は経験を重ねることによって大きくなる。学校というミニ社会で，仲間や大人との関わり，課題や問題に苦悩し，多くの経験で自己能力の発掘をする。

④ 苦労した後には成就感や達成感がある。自助努力があってのことではあるが，その過程で協調することの重要さを知ることもできる。

●Aのテーマの論点

前文では学校での学習活動が，子どもたち自身にとっていかに重要なことであるかを①～④その他で述べる。その根拠がこれまでの経験から得たことであるとするのがよい。テーマは経験談を求めているのではない。

よりよい社会人をめざす子どもたちにとって，学校教育は基礎的基本的な学習なのである。その学習に子どもたち自身が意欲的に関わらせるのも必要条件ともいえよう。このことを含めて，ここで書き手としての結論を述べるとよい。

本文では，先の結論の具体的な方策を，志望校種の子どもの特性に合わせて2例述べる。担当教科の授業の中で知能や技能の習得をさせるのである。算数や数学での計算練習が，脳を練り鍛え，発達させるのにいかに重要であるかなどである。成人してから頭脳の鍛錬をと思い立ても，硬直化した脳味噌では数倍の苦労をする。これらを書き手の個性ある方法で述べる。

●Bのテーマの分析

健全な自尊感情とは何であろうか。自尊感情は自分を大事にするという感情のことである。それが「健全な」が加われば，自他共にである。昨今は自分の命を絶ったり薬物を乱用したりという事件や事故が多い。また夜間の徘徊や無防備な行動など，自分の身は自分で守るという意識の欠如も見られる。

20歳未満の自殺では，学校での問題が自殺の原因のトップになっているほか，思春期も重なるために失恋等男女問題も他の年齢層より大きな割合を占めている。とりわけ学校での問題では，複雑化した学校でのいじめによるもの，親の叱責や暴力，教師による暴力的・精神的・性的な嫌がらせ，過度に自己中心的な親への疲れなど様々な理由がある。

解決策として最近は自己管理能力の育成が叫ばれており，自分の身は自分で守る指導である。だが，今までの甘えの構造から脱却することは容易ではない。また「自他共に」では，自分だけではなく相手も共にである。従来は自己中心的な行為は小学校の低学年児とされていたが，昨今は大人までが汚染されている。

●Bのテーマの論点

「1」の前文では，まず自尊感情とはどのようなものかを述べる。そしてその必要性もである。さらに一人の教師としてどうするかの結論をここで述べる。一人一人に達成感を味わせるとするのもよいであろう。テーマに「経験などに基づき」とあるがこれは経験談を問うているのではない。経験で得たことを活かすのである。

「2」の本文は，先に述べた結論の具体的な方策を2例挙げる。志望校種の子どもの特性に合わせ，さらに書き手の豊かな個性を示すとよい。担当教科の授業と特別活動などである。数学での計算練習の中にもその機会がある。また係活動を責任を持って努めている姿にもである。その粘り強く挑戦する姿や，責任をもって果たそうとするその姿勢を讃える。自尊心を高める讃え方に工夫をこらす。そこに，高校生への配慮と教師としての書き手らしさを示すのである。

【社会人特別選考・社会人経験者特例選考】

●テーマ

次のことについて，1200字以上1500字以内で論述しなさい。
あなたの社会人としての経験を具体的に述べ，その経験を今日の学校教育の課題解決にどのように生かそうと考えているか，書きなさい。

●テーマの分析

人間である以上同世代の悩みも大なり小なり経験をし，その経験に基づき，例を上げ，現在の学級課題の糸口にすることが一番指導し易い内容である。但し，幾度の失敗例も私は見てきている。その例が学校教育の場に相応しい内容であるかを吟味し論じる必要性が求められる。私の場合アメリカ留学や，シンガポール日本人学校へ政府派遣された貴重な経験のもと，グローバル的な経験がお蔭様で豊富にある為，生徒にとって，日本の世界ではなく，世界の中の日本ということで，生徒諸君の今後体験していくであろう，未知の世界に助言を与え，これからの日本と，現在問題化されている教育の諸問題等を教師の意見ではなく，児童・生徒自身に考えさせ，5年後の自分，10年後の自分を念頭に置き，将来の夢のきっかけや，既に夢に向かい頑張っている児童・生徒諸君とコミュニケーションを図り全体の90パーセントの生徒が理解すれば良しと考える。全ての教職希望者は，より知識を磨く為に毎日幅広く研究を行っていく義務がそれぞれ課せられている。時間が無ければ時間を見つけ，本を読み他人の人生観，別世界のことを知り授業に役立てることこそ教育である。

●論点

社会人として，色々な経験の中から，良い題材となるものもあれば，児童・生徒の前で公言できない事実もある。ただ忘れてはならないことは生命の尊さを早めのうちに指導し，昔も今も社会でも大なり小なりいじめがあることを認識させ，それに打ち勝っていく正義感と暴力・暴言の禁止。社会人足るものお金を頂きプロとして生活していく責任感等を重点を置き教育指導をして頂きたい。卒業後，生徒諸君の記憶に永遠に残る教師像を達成していただき，平和な国家を築き上げていく一員となるよう頑張って欲しい。

自己のテーマ研究を持ち，教育者として周囲にあるもの全てが教育の材料であり，全く異なる家庭環境に育った生徒を自己の教育理念と学校の教育方針のレールに乗せ，事故無く全員卒業という終着駅まで運ぶ運転手は教師のあなた自身の指導法にゆだねられている事を忘れてはならない。

【現職教員等】

●テーマ

次の事例を読み，下の問題について，1200字以上1500字以内で論述しなさい。

A教諭は，担任する学級で，授業中に私語をする子どもがいることに年度当初から悩んでいた。A教諭は，教科の指導では，基礎・基本となる知識や技能を繰り返し教え，数多く練習させることで十分な学力を身に付けさせたいという思いが強かった。

4月下旬，A教諭は担任する学級でいつものように練習問題のプリントを配り，そのやり方の説明をしてプリントを始めさせた。Bさんはプリントに取り組まずに，Cさんとプリントに関係のないおしゃべりを始めた。教室内でテストの採点をしていたA教諭は，私語をやめるように注意したが，二人は聞こえないふりをして，話をやめなかった。

放課後，A教諭は二人を残して話を聞いた。授業中のことについて聞いても，二人は黙っていてなかなか答えなかったが，Bさんはつぶやくように，「授業の内容がよく分からないんだよ。」と言った。すると，Cさんもつられるように「プリントばかりだもんな。」と言った。

A教諭は二人の声にショックを受け，同じ学年に所属するD教諭に，年度当初からこれまでのことについて相談した。

※養護教諭を志望する受験者については，「同じ学年に所属するD教諭」を「D養護教諭」と読み替えてください。

〈問題〉

あなたが，この事例のD教諭(養護教諭)であったら，この状況をどう判断し，どのように対応するか，現職教員としてのあなたの経験に基づき，具体的に述べなさい。

●テーマの分析

A教諭の方法論に問題がある。授業展開の中で，導入部分は前回授業の復習を兼ねた設問で，答えられる生徒，答えられない生徒がおのずと出てくる。その緊張感を保持したまま，練習問題に入るには生徒の私語・余談は最小限度抑止する事ができる。どんな教科担当といえども，その1時間を任されている以上，教科担当としての責任がある。内容を拝見すると毎回同様の授業を行っているようであるが，このケースの場合，生徒だけに責任を押し付けるのではなく，授業のやり方にもっと工夫を持たせるべきである。毎日，カレーばかりでは飽きるのと同様，白いご飯も食べたくなる。人間の心理を勉強し，他の指導法で行わないと，生徒に感情的に叱れば，必ず，保護者が出てくるパターンである。D教諭に相談したとの事であるが，解決にはならず，担当教師の指導法に問題を摩り替えられるケースになる公算が強い。上記に述べたように，Bは「授業の内容が良く分からない。」Cは「プリントばかり。」と不満を言っている。BもCも理解できる授業展開にすれば，同様の意見を持つ他の生徒にも内容理解が更に向上するであろう。ある程度慣れた教科担当に多い例である。クラスの取り組みにも変化を持たせた教育指導の工夫が絶対不可欠である。この様な環境では塾の学習とあまり変化がないと分析する。

私がD教諭で同様の相談を持ちかけられたら，内容的に大幅に変える必要は無いが，導入部分で前回の復習に10分程度質問と解説を織り交ぜ，生徒各自にもっと自然に緊張感が生まれてくる指導をするであろう。

●論点

単にマンネリ化した授業であり，このままでは教科離れする生徒がますます増える傾向にある。教師は担任でも教科担当でもこの程度の問題解決が打開できぬようであれば，きつい言い方かも知れないが，指導する資質に欠けている。ましてや，他の教師に相談し，同学年ということからも，担任・学年主任・教科主任に相談をし，指導を受ければ，A教諭と生徒との信頼関係はますます悪化し，保護者を巻き込んでの大きな問題となるケースもおおいに考えられる。他の教師の助言に頼らず，自分で解決する力量をつけて欲しい。俗に言う荒れている学校の場合はこの限りでない事を付け加えておこう。

2007年度　論作文実施問題

【一般】

●テーマ

次のA，Bのうちから1題を選択して解答しなさい。解答用紙には，選択した問題の記号を○印で囲み，1200字～1500字で論述しなさい。ただし，1，2の項目別に論述し，それぞれのはじめに項目の番号を明記しなさい。

A　学校には，児童・生徒に「確かな学力」を身に付けさせるために，学ぶことの意義や楽しさを実感させ，学習意欲を高める指導が求められています。

1　このことについて，あなたの考えを述べなさい。

2　1で述べた考えに立って，あなたは教師としてどのように実践していくか，志望する校種・教科等に即して，具体的に述べなさい。

B　学校には，児童・生徒に豊かな人間関係を築く力を身に付けさせる教育の充実が求められており，そのためには教師の実践的な指導力が重要です。

1　このことについて，あなたの考えを述べなさい。

2　1で述べた考えに立って，あなたは教師としてどのように実践していくか，志望する校種・教科等に即して，具体的に述べなさい。

●課題Aのテーマの分析

平成15年10月の中央教育審議会答申で「初等中等教育における当面の教育課程及び指導の充実・改善方策について」では，「生きる力」を「豊かな人間性」と「健康・体力」とこの「確かな学力」から構成されているとしている。このことから「生きる力」を知の側面からとらえたものが「確かな学力」であるとした。そして「知識・技能に加え，自分で課題を見つけ，自ら学び，主体的に判断し，行動し，よりよく問題を解決する資質や能力」とか，「知識・技能に加え，思考力・判断力・表現力などを含む，学ぶ意欲を重視したこれからの子ども達に求めれれる学力」であると定義づけている。

そして，この「確かな学力」を向上させるための戦略として，①揺るぎない基礎・基本　②思考力，表現力，問題解決能力　③生涯にわたって学び続ける意欲　④得意分野の伸長　⑤旺盛な知的好奇心，探究心を挙げている。

●課題Aの論点

このテーマは，「『確かな学力』を身に付けさせる」が目的である。その目的達成のための手段として「学ぶことの意義や楽しさを実感させ，学習意欲を高める指導」にどのように取り組むかを問うているのである。

そのためには，まず「確かな学力」を定義づけなければならない。前述の①～⑤のどれかに絞り込むのが得策といえよう。ただしきちんと理由付けをする必要はある。論文は論理的でなければならないからである。そして最終的に「学習意欲を高める指導」をどのように展開するかを本文で述べるのである。校種や教科科目を踏まえた「私はこのように実践する」である。

本文の字数は全体の3分の2ほどを当てる。1200字の3分の2であるから，具体的は方策は2例か3例を挙げることができよう。近未来の書き手の姿を示すのである。

●課題Bのテーマの分析

「豊かな人間関係を築く力」の必要性は誰もが認めるところである。だがそれを学校教育において「身に付けさせる」ということはどういうことであろうか。まず書き手（受験者）の考えをはっきりさせることである。ただ核家族化とか少子化とか家庭教育力の低下などをくどくど述べてはならない。そのような現状分析からではなく，プラス指向での展開の方が，建設的で読み手（採点者など）に好感を与える。学校という機能の有効利用である。いやその前に，この「豊かな人間関係」とはどのような関係のことをいうのか，この点をはっきりさせておくことである。

ここで忘れてはならないことは，①学校は集団教育の場である　②教師は，目前の子に必要な手立てを学校という場ですべて試みる　である。特に②は批判や評論ではなく，積極的な解決策である。

●課題Bの論点

これからの社会ではなぜ「豊かな人間関係」が必要であり，それが学校教育で求められているかを述べる。また前文（字数は全体の6分の1程度がよい）で結論を明らかにする。こうすると次の段落で述べる，その結論に至る具体的な実践策につながり，論述に一貫性が持てる。

本文（字数は全体の3分の2）は具体的な方策である。この論述で対象とする児童生徒を明らかにし，その発達段階にあった取り組み方を述べる。ここで書き手（受験者）の個性あふれる指導の方法を展開するのである。具体的な取り組みを，教科（科目）と特別活動などの2例について述べるのである。

結文（字数は全体の6分の1程度がよい）は，「豊かな人間関係」を育成する教師としての己の研修課題を挙げ，この課題解明にどう取り組むかを述べるとよい。

【社会人特別選考】

●テーマ

次のことについて，1200字～1500字で論述しなさい。ただし，1，2の項目別に論述し，それぞれのはじめに項目の番号を明記しなさい。

教師がその職責を十分に果たしていくためには，児童・生徒，保護者，地域からの信頼を確立することが重要です。

1　このことについて，あなたの考えを述べなさい。
2　1で述べた考えに立って，あなたは教師としてどのように実践していくか，志望する校種・教科等に即して，社会人としてのあなたの経験に基づき，具体的に述べなさい。

●テーマの分析

教育は相互の信頼の上に構築されるもので，それは特に学校教育においてもいえることである。教師として児童・生徒はもちろんのこと，すべての関係者おまず信じることである。たとえ裏切られるのではないかと予想できてもである。はじめから疑いの眼で見つめていて，教育者としての職責を全うすることはできない。

だが児童生徒をはじめとする保護者や地域住民は，すべての教師を信頼しているとは限らない。信頼が得られるよう努力が必要なのである。書き手（受験者）はこの努力をどのようにするかと問うているのである。

「社会人としての経験に基づき」とあるが，思いで話をもとめているのではない。信頼を得るための具体的な方策は，社会人としての経験と関連づけてのべるのである。過去のことをここに紹介する必要はない。

●論点

前文（字数は全体の6分の1程度がよい）の冒頭では，なぜ教育には信頼が必要なのかを述べる。ここに教育者としての信念を示すのである。次に教師として信頼を得るためにどうするか，その結論を述べる。ここで考えなければならないことは，「あなたが保護者だったら，どのような教師を信頼するか」である。立場を替えてみると，そこに本来の姿が見えてくるであろう。

本文（字数は全体の3分の2）は前文で述べた結論に達するための具体的な方策である。志望校種の児童・生徒の発達段階をはっきり抑え，教科科目や特別活動，道徳，総合的学習などの学習活動を通して，どのように努力するかを述べるのである。2ないし3の取り組み方を述べるのである。

結文（字数は全体の6分の1程度）は，このテーマに関する書き手の研修課題を挙げ，どう課題解明に努力するかを簡潔に述べるとよい。

【現職教員等】

●テーマ

次のことについて，1200字～1500字で論述しなさい。ただし，1，2の項目別に論述し，それぞれのはじめに項目の番号を明記しなさい。

教師の資質・能力の向上のためには，自己研鑽だけではなく，教師同士が学び合い，相互に研鑽を積み重ねていくことが求められます。

1　このことについて，あなたの考えを述べなさい。
2　1で述べた考えに立って，あなたは教師としてどのように実践していくか，志望する校種・教科等に即して，教師としてのあなたの経験に基づき，具体的に述べなさい。

●テーマの分析

今日の学校が求めている教師は，次の3点に要約することができる。

①　子どもの心の動きをきちんと捉えることのできる教師
②　教育プロとしての信念と，問題や課題への洞察力と即応力を備えている教師
③　採用する地域の求める教師像に，適切に対応できる教師

学校はいつの時代でも数多くの教育課題を抱えている。特に最近は生命に関わる事件が多発しており，このことからも学校教育への期待は大きい。

4月1日に辞令が伝達されたら，その瞬間から専門職「教員」なのである。プロ教員とは目の前にいる子どもの実態を的確に把握し，即対応できる資質能力を有する教員である。たとえ善悪の区別すら適切にできない子ともきちんと向き合い，その子にあった指導ができなければならない。そこには洞察力と判断力，そして忍耐力と実行力を必要

とする。

その資質能力は学校という組織の中で有効に活用し，効果を上げるのである。そこでの研鑽を「あなたならどうしますか」と問われているのである。

●論点

書き手（受験者）は学校教育に携わる専門職「教員」になることを望んでいる。そのためにどのような努力をするかと問われている。その結論をこの前文（字数は全体の6分の1程度）で述べる。学校は集団教育の場であるから，教師集団としてのチームワークも欠かせない。その相互研鑽に対する書き手の姿勢である。

本文（字数は全体の3分の2）では，先の結論に達するための具体的な方策を述べる。「教師としての経験に基づき」とあるが，ここで過去のことを述べるのではない。貴重な経験をどう活かすかである。教科科目や総合的学習等において，子どもの発達段階や個に応じた指導を展開する方策を，どのようにいて相互研鑽するかを具体的に述べるのである。

結文（字数は全体の6分の1）では，相互研鑽に関する書き手の研修課題である。どのように解明するかを簡潔に述べる。

2006年度　論作文実施問題

【一般】

●テーマ

次のA，Bのうちから1題を選択して解答しなさい。解答用紙には，選択した問題の記号を○印で囲み，1200字〜1500字で論述しなさい。ただし，1，2の項目別に論述し，それぞれのはじめに項目の番号を明記しなさい。

A　学校においては，児童・生徒一人一人のよさや可能性を伸ばし，個性を生かす教育の一層の充実を図ることが必要です。

1　このことについて，あなたの考えを述べなさい。

2　1で述べた考えに立って，あなたは教師としてどのように実践していくか，志望する校種・教科等に即して，具体的に述べなさい。

B　学校においては，思いやりの心や社会生活の基本的ルールを身に付け，社会に貢献しようとする精神をはぐくむことが求められています。

1　このことについて，あなたの考えを述べなさい。

2　1で述べた考えに立って，あなたは教師としてどのように実践していくか，志望する校種・教科等に即して，具体的に述べなさい。

●テーマの分析

A；なぜ「個性を生かす教育」が必要なのか。テーマにも「一人一人のよさや可能性を伸ばす」ためだとしているが，このことを己の言葉で述べる。「個性」は本人が生涯を通して発掘するもので，教師が「君の個性はコレである」と決め付けるようなことがあってはならない。また個性尊重と自己中心的行動とを混同させてはならない。

B；なぜ今「思いやりの心」や「社会生活の基本的ルールを身につける」ことが求められるのか。これらは，いつの時代でも求められて来たものである。ここでは「家庭の教育力の低下」等の批判文を求めているのではない。テーマが求めているものは，「社会に貢献できる精神を育む」具体的な方策である。

●論点

A；まず前文で己の考えをはっきりさせる。論文は主張なのである。「誰かが言うから」では論文の価値は半減する。特に「個性」に関する考え方を述べる。本文ではその具体的な方策である。己の行為に責任を持たせるのも，個性を見つめさせるのも貴重な個性尊重教育である。

B；「思いやりの心」も「社会生活の基本的ルール」の一つである。として1点に絞って述べたほうが展開しやすいであろう。道徳の授業を具体的に述べるのもよいが，教科科目の授業や総合的な学習の中でもその機会は多い存在する。「私はこのような考えで，このようにする」と述べることである。

【現職教員】

●テーマ

次のことについて，1200字～1500字で論述しなさい。ただし，1，2の項目別に論述し，それぞれのはじめに項目の番号を明記しなさい。

教員には，教科指導の専門性に加えて，実践的指導力や豊かな社会性・人間性が求められています。

1　このことについて，あなたの考えを述べなさい。
2　1で述べた考えに立って，あなたは教師としてどのように実践していくか，志望する校種・教科等に即して，現職教員としてのあなたの経験に基づき，具体的に述べなさい。

●テーマの分析

「教科指導の専門性」のなかに「実践的指導力」が含まれている。今日の教員に求められている教科指導の専門性とは，単なる知識伝達能力だけではないからである。昭和62年の教養審答申にこのことは述べられている。「豊かな社会性・人間性」は教員としての資質として求められている。「豊かな人間性」については教養審答申（平成9年7月）にもある。

●論点

教科指導の専門性はいつの時代でも求められていた。しかし，今日求められる教師像は人間性の重視である。この教師像をはっきりと示し，その理想像に近づく己の努力する姿を示すとよい。理想論で終わることなく，「私はこのような考えで，このように実践する」と述べるのである。経験は実践策のなかで述べればよい。

【社会人特別選考】

●テーマ

次のことについて，1200字～1500字で論述しなさい。ただし，1，2の項目別に論述し，それぞれのはじめに項目の番号を明記しなさい。

これからの教員には，学校をめぐる様々な教育課題に適切に対処しつつ，充実した教育指導を実現するため，これまでに増して自らの力量を高めていく努力が求められています。

1　このことについて，あなたの考えを述べなさい。
2　1で述べた考えに立って，あなたは教師としてどのように実践していくか，志望する校種・教科等に即して，社会人としてのあなたの経験に基づき，具体的に述べなさい。

●テーマの分析

「自らの力量を高めていく努力」が問われている。ここでいう力量とは何か。教養審答申（平成9年7月）で「教員に求められる資質能力」が示されている。そこには「いつの時代も教員に求められる資質能力」と共に，「今後特に教員に求められる具体的な資質能力」と「個性豊かな教員の必要性」が書かれている。これらから，高い力量を備えた理想的教員像である。

●論点

「1」は結論である。と同時にその理由を述べる。論文は論理的でなければならない。「2」は教師としての実践力を示すのである。採点者に「高い力量を備えた人物」と評価されるような具体的な方策を展開する。それは，「私はこのように実践する」である。経験は具体策の理由付けに活かすのであって，経験談を述べることではない。

2005年度　論作文実施問題

[一般選抜共通]

●テーマ

学校教育においては，児童，生徒に生涯にわたり学び続ける力をはぐくむことが必要です。
①　このことについて，あなたの考えを述べなさい。
②　①で述べた考えに立って，あなたは，教師としてどのように実践していくか，志望する校種・教科等に即して，具体的に述べなさい。

●テーマの分析

今日では，学校教育は生涯学習体系の中に位置づけられている。なぜであろうか。そうでない学校教育との違いが，どこにあるのかが明らかでなければならない。学校教育はでは学び方を学ぶことであるとされている。

①と②に分けて書くことを求めているので，特に起承転結の文章構成にこだわることはない。ただ1200～1500字と字数が非常に多いので，見通しを立てて書き始めないと字数不足になりかねない。1200字を起承転結に字数配分して構成を組み立てるのが無難である。

●論点

①これは前文に相当する。生涯学習とはどのような学習のことで，なぜ今日その必要性が叫ばれているのかを述べる。書き手の志望校種と担当教科を明らかにし，生涯学習に沿った担当教科をどのような基本的な考えかたで学ばせるかを明らかにする（全体の6分の1程度の字

数)。

②本文になる。担当教科の授業での具体的な取り組ませ方を2例述べる。それは起承転結の文章構成の承と転である。学び方を学ばせる具体的な指導であるから，討議の仕方のあろう。また図書室の利用の仕方もある。小学生であるなら聞き方話し方から，質問の仕方という基本的なこともある。それらの中から，担当教科学習に関係ある2つの課題を取り上げるのである。

結文は自己評価である。書き手自身が，生涯学習体系の中の学校教育を十分に心得ているであろうか。教職志望者であれば勉強不足はしかたない。決意表明ではなく，今後の具体的な解決策を述べるのである。

[一般選抜共通]

●テーマ

学校教育においては，次代を担っていく子どもたちの豊かな心を育成していくことが求められています。

① このことについて，あなたの考えを述べなさい。

② ①で述べた考えに立って，あなたは教師としてどのように実践していくか，志望する校種・教科等に即して，具体的に述べなさい。

●テーマの分析

豊かな心とは何か。次代を担うから必要なら，次代を担わない高齢者は豊かな心を必要としないのか。そのようなことはないはずである。ではここで特に「次代」としたのはなぜか。

●論点

①前文に相当する（全体の6分の1程度の字数）。いつの時代でも，誰にでも「豊かな心」は必要である。テーマは，次代を担う子どもたちに必要であるという。なぜであろうかを述べる。今日的時代背景を考慮するのは当然である。ここで志望する校種の担当教科を明らかにし，教科指導を通しての「豊かな心の育成」の基本的な考えを明らかにする。

②前述の基本的な考えを，どのように具体的に指導するかである。これが本文（全体の3分の2程度の字数）に相当するので，ここでは2つの方法を述べる。

志望校種から発達段階をどう押さえるかがポイントの一つである。小学校教育と高校教育では大きく異なることは当然であるからだ。
「教科に即して」とあるので，小学校であるなら異なった教科での具体策でもよいが，中学校や高校では同一教科での2つの取り組み方となろう。「私はこのようにする」と述べるのであって，評論になってはならない。

1200字以上であるから，自分らしさを十分に示すことができよう。最後に己の課題を示し，今後どのように努力するかを述べるのもよい。

2004年度　論作文実施問題

【全校種】

●テーマ

現在学校教育においては，子どもたちの学力を向上させるとともに個性と創造力を伸ばすことが求められています。
①　「学力」についてあなたの考えを述べなさい
②　①で述べた考えに立って，子どもたちの学力の向上と個性と創造力の伸長に向けてあなたは教師としてどのように実践していくか，志望する校種等に即して具体的に述べよ。

●テーマの分析論点

「学力」は，学習指導要領に示す基礎的・基本的な内容と，自ら学び自ら考える力などの「生きる力」をも合わせて考える。また文部科学省は「確かな学力向上のための2002アピール『学びのすすめ』」を発表し，指導の重点として5つ挙げている。キーワードで表現すると①きめ細かな指導で基礎基本や自ら学び自ら考える力の育成　②個性に応じた指導　③学ぶことの楽しさを体験　④学ぶ習慣を身につける⑤特色ある学校づくりである。「個性」については教育課程の「改訂の基本方針」4本柱の3番目にあり，「創造力」は2番目の「自ら学び，自ら考える力」でもある。ただ「個性」は生涯を通して発掘するものであり，中学生や高校生時代の個性はほんの一部に過ぎないことに留意しなければならない。

●論点

今日の学校教育では，学力にしても個性・創造力にしても教師主導ではなく，「自ら学び自ら考える」という自主的な取り組み方を求めている。このことを前文で明確に示し，本文で実践方法を述べるのである。

教科科目学習や総合的学習で疑問点を徹底追及させるのがよい。小学校なら学級ぐるみで，中学校ならグループ学習，高校なら個人研究が一般的である。どちらにしても学校や地域挙げての支援体制を作り上げて，児童生徒の探究の芽を育てていくのである。

[一般選抜共通]

●テーマ

学校においては，子どもたち一人一人が自己を生かし，充実した学校生活を送ることができるよう生活指導の充実を図ることが求められています。

① 生活指導を進めていく上で，教師のあり方についてあなたの考えを述べなさい。

② ①で述べた考えに立ってあなたは教師としてどのように実践するのか今日の子どもたちの状況にふれながら，志望する校種等に即して具体的に述べなさい。

●テーマの分析論点

従来の「生活指導の充実」という文言からは，ともすると「校則の徹底」などの厳しい指導と解釈しがちである。今日では「指導」というより「育む」に重点が置かれ，「健全育成」という言葉が多く遣われる。その育成する方向が，「自己を生かし」すなわち本人の意思を尊重しての自己実現である。そのためには，成就感あふれる学校生活への支援である。②に「子どもたちの状況にふれながら」とある。これを抑えての論述が求められている。

●論点

前文では全体の6分の1程度の字数で，①の回答として上記のことを述べる。その際，志望する校種を明らかにし，発達段階をふまえての自己実現への支援に対する基本的な考えを示す。ここに「子どもたちの状況」を根拠として述べるとよい。

本文は全体の3分に2の字数で②に答える。前文で示した基本的な考えを2つの具体例で示す。その一つが教科科目の授業を通してであれば，もう一例は特別活動とするなどである。中学校での基本的な考えとして，「生徒一人一人の特性を生かして達成感を持たせる」を挙げたとすれば，教科学習の中でどのように達成感を抱かせるかである。特別活動においても同様に，どのように場を与えるかである。中学生にとっての自己実現への一歩，それに対する教師の支援の仕方を述べる。

2003年度　論作文実施問題

【全校種】

●テーマ1

教育には，子どもたちが自ら考え学ぶ場面と，子どもたちに分かるまで教えなければならない場面とがあり，教師はこれらの調和を図りながら指導していくことが大切です。

1. このことについて，あなたの考えを述べなさい。
2. 1で述べた考えに立って，あなたは教師としてどのように努力するか，志望する校種などに即して，具体的に述べなさい。

●テーマの分析と論点

「子どもが自ら学ぶ」のは「生きる力」の育成であり，「分かるまで教える」は基礎的・基本的内容の完全習得である。この2点の調和を求めている。「新しい学力観」は元年度版の学習指導要領で，「基礎・基本を重視し，自ら学ぶ意欲や思考力，判断力，表現力などの資質や能力の育成とともに，児童生徒の可能性を伸ばすこと」としている。つまり学力は，「生きる力」と「基礎・基本」の育成習得によって得られるとしている。今回はその調和である。[論点]「1」は上記の「新しい学力観」について述べる。現学習指導要領は基礎的・基本的な内容が記されているが，この内容を完全に習得する過程で「生きる力」を育成するのである。2点の調和とは言うが，内容と方法であって別のものではない。

「2」は「1」で述べたことの具体的方策である。ここでは2つの具体的方策を述べる。教科や科目の指導を2例でもよいし，教科科目指導と道徳を通してでもよい。またレディネスを重視したりバズ学習を頻繁に取り入れるなどの具体的な方策で，あなたらしさを表現するのである。

【全校種】

●テーマ2

学校においては，子どもたちが集団のチームワークの中で，競い合ったり協力し合ったりしながら，多くのことを学ぶ機会を設けることが大切です。

1. このことについて，あなたの考えを述べなさい。
2. 1で述べた考えに立って，あなたは教師としてどのように努力するか，志望する校種などに即して，具体的に述べなさい。

●テーマの分析

学校は集団教育の場である。小学校就学児は個人教育から集団教育への切り替えの時期であり，自己中心的な思考が抜けきれずに学級崩壊を起こしがちである。それが，中学校教育から高校教育になると，社会人として1人で歩めるよう自主的な思考力，判断力，そして実践力を備えることを主目的となる。この流れの中でのあなたの志望校種での具体策である。

●論点

チームワークの中で，競い合ったり協力し合う場面を考える。現在考えやすいのは総合学習であるが，教科科目の学習でも特別活動の中にもある。討議としてバズ学習やブレーン・ストーミングなどがある。総合学習では，小学校であるなら学級としての課題決定に1カ月以上討議し続けることになろう。中学校であるなら，同一課題を持つ仲間を捜し出してチームを組織し，研究計画を立てる。高校になると個人研究が中心となり，同一課題を持つ生徒の情報交換として議論をする。教科担当なり学級担任として，「私はこのようにする」が本文である。

【全校種】

●テーマ3

働くことの体験を通して，子どもたちに勤労の尊さや創造することの喜びを体得させ，進んで社会に役立とうとする心を育てることが大切です。

1. このことについて，社会人としての経験も踏まえて，あなたの考えを述べなさい。
2. 1で述べた考えに立って，あなたは教師としてどのように努力するか，志望する校種などに即して，具体的に述べなさい。

●テーマの分析

テーマは「大切である」とある。まずなぜ大切なのかを述べる。その中に「社会人としての経験を踏まえて」を加味するとよい。これがあなたの主張である。ただ単にあなたの経験談を述べるのではない。「心を育てることの大切さ」についての考えである。

●論点

前文では，まず問われていることに対する結論を述べる。そしてその理由である。その理由は，あなたの経験が基となっているのだとする。

具体策が本文となる。全体の文章構成を「起承転結」とし，本文を「承」と「転」にする。「勤労の尊さ」と「創造することの喜び」を体験させるという。この2点を合わせた事例を述べるか，前者を「承」とし，後者を「転」とする。この本文の字数は全体の3分の2程度とする。

面接試験　実施問題

2024年度

〈2023年度からの変更点〉

※1次試験(特例選考社会人経験者)で実施されていた適性検査は廃止。

※2次試験で実施されていた集団面接は廃止。

※2次試験の個人面接時に提出を求めていた単元指導計画等は廃止。

※2次試験の音楽科実技試験は，ピアノ初見演奏と声楽初見視唱を廃止し，ピアノ伴奏付き歌唱のみに変更。

※2次試験の美術科実技試験は，色鉛筆による静物画を，鉛筆による素描に変更。

※2次試験の保健体育科実技試験は，6種目を4種目に変更。

※2次試験の英語科実技試験は，聴解，音読とその内容等に関する質疑応答を，英語でのスピーチとディスカッションに変更。

◆個人面接(2次試験)　面接官3人　約40分

※受験者があらかじめ作成し面接当日に提出する「面接票」を基に質疑応答を行う。

※評価の観点は，教職への理解，教科等の指導力，対応力，将来性，心身の健康と人間的な魅力等。

※個人面接では，場面指導に関する内容も含む。

▼小学校

【質問内容】

□志望理由。

□ストレスがたまったらどう対処するか。

□自分が最も成果をあげたこと，教員としてそれをどう生かすか。
□子供に自己肯定感を持たせるためにできそうなことは何か。
□ICTの活用により，授業をする上でどのような良いことがあるか。
□子供の発達段階に応じた課題と対応方法(発達段階は自由に選ぶ)。
□30秒程度で教師になりたい思いを自己PR。
【場面指導】
□保護者から「自分の子供が仲間外れにされている」と相談された場合，どのように対応するか。
□地域の人から「通学路でボランティア中に子供に暴言を吐かれた」とクレームが入った。その子供が自分のクラスの子供だった場合，どのように対応するか。

▼小学校
【質問内容】
□東京都の教員を志望した理由。
□なぜ教員を志望したのか，教員の魅力は何か。
□印象に残っている先生はどんな先生か。
□都民の期待に応えるために何をするか。
□服務を守るためにすること，大事にしたいことは。
□どんな授業にしたいかなど学習指導について。
・1次合格証明書と一緒に同封された面接票に記述した内容を中心に聞かれる。
【場面指導】
□保護者から「うちの子がいじめられている」と連絡がきた。どう対応するか。
□保護者から「子どもが寝不足だから保健室で寝かせてほしい」と言われた。どのような背景が考えられるか。また，どう対応するか。
□何気なく相手を傷つける言葉を投げかけている子どもを目撃したとき，どう対応するか。
□保護者から「学習進度が他クラスと比べて遅れている」と言われた。

どう対応するか。
□急に忘れ物が増えたり，ものが壊れていることが増えている子どもがいる。どのような背景が考えられるか。また，どう対応するか。

▼小学校
【質問内容】
□志望動機。
□最も成果を上げたことは。
□努力したことは。
□ICT機器をどのように使用したいか。
□意気込みがあれば1分で。
□担当してみたい学年は。
□子どもがつまずきやすい単元について。
【場面指導】
□夜に一人で子どもが公園で遊んでいたらどう対応するか。
□子どもから個人的にラインを交換しようと言われたらどう対応するか。

▼小学校
【質問内容】
□志望動機。
□今現在の状況について。
□これまで(実習など)で得たことは。
□今後どのように教師を続けるか。
□具体的方法について(生徒が教室を飛び出していった時の対応など)。
□法律に関する質問。
□子どもから相談を受けた。どう対応するか。
□どの学年でもよいので，その学年特有の特徴を1分で。
【場面指導】
□不登校児童の対応について。

▼中高国語

【質問内容】

□東京都の教員を志望する理由。

□自分が努力し，最も成果をあげた取組みを教員としてどのように生かしていくか。

□教科の指導をどのように行っていくか。

□どのような学級経営を行っていきたいか。

□自己PR(30秒ほどで)。

【場面指導】

□生徒にSNSを教えてほしいと懇願されたらどう対応するか(交換してしまった教員のどこが問題か)。

□教室から飛び出した生徒にどう対応するか。

□保護者からの授業へのクレームにどう対応するか。

・個人面接は，ほとんど面接票の内容を質問された。

▼中高数学

【質問内容】

□東京都を志望する理由。

□教員を志望する理由。

→主体性を持たせる教育をどのように実践するか(志望理由を受けて)。

□教員として心掛けていることは何か。

→心掛けようと思ったきっかけ，具体的なエピソードは。

□自分が努力し，最も成果をあげたことは何か。

→教員として成果をどのように生かすか。

□自分が最後まで粘り強く対応した取組みについて。

→着任している学校で，どのように指導しているか。

→指導について助言してくれる人はいるか。

□賞罰なしとなっているが，これは間違いないか。

□教育公務員として都民の期待や信頼に応えるために重視していくこ

とは何か。

□受験教科・科目等の得意分野や領域は何か。

□学習する上で，つまずきやすいと考えられる単元・領域は何か。

→つまずきやすいその単元をどのように指導するか。

→数学が嫌いな生徒にどのように興味を持たせるか。

□研修は有効だと思うか。

□ICTを活用してどのように指導するか。

□中学校，高等学校のどちらを希望するか。

→(高等学校を希望すると回答したので)中学校には行かないということか。

□中学校から採用の声がかかったらいくか。

□最後に，30秒程度で教員となるための抱負を。

【場面指導】

□生徒の相談にのってLINEを交換し，その後やり取りをして教員の部屋で二人きりになることがあったが，どこに問題があるか。

→どのように対処すればよかったか。

□学級を受け持つことになった場合，どのように取り組むか。

□成績の付け方に納得がいかないという保護者のクレーム対応。

□生徒が校外で悪さをしているという地域からのクレーム対応。

→悪さをしている生徒が特定できなかった場合どうするか。

▼中高数学

【質問内容】

□東京都を志望した理由は。

→何かきっかけになることはあったか。

□東京都の教員になるために努力していることは。

□最も成果を上げた経験は。

→その取組みの中で数値として得た結果はあるか。

→この経験をどのように生かすか。

□教育公務員として都民の期待や依頼に応えるために何を重視してい

くか。

□生徒や教員と意見が違った場合どうするか。

□いじめの問題が深刻だが，未然に防ぐにはどうすればよいか。

→どんな取組みをすればよいか。

〈場面指導〉

□一人でいたら学校に電話がかかってきて，地元の人から生徒がコンビニにたむろしているとクレームがあった。あなたならそのときどう対応するか。

▼中高理科

【質問内容】

□東京都の教員を志望する理由。

□自分が努力し最も成果をあげた取組みと，その成果を今後教員としてどのように生かすか。

□自分が最後まで粘り強く対応した取組みについて。

□教育公務員として都民の期待や信頼に応えるために重視していくことは。

□専門科目の得意分野や領域は何か。

→専門科目について，生徒が学習する上でつまずきやすいと考えられる単元や領域は何か。

□現在の職場について。

→所属教科の教員は何人か。

→そのうち，仕事上の連携をする教員は何人か。

→その教員と仕事をする上で困っていることはあるか。

→仕事をする中でネガティブな気持ちになったときはどうしているか。その気持ちを引きずりやすいタイプか。

→中高一貫校だが，今年度はどの学年を担当しているか。

→ICT機器を生徒に扱わせる上で注意していることは。

□生徒と接する上で気を付けていることは何か。

□生徒の発達段階について任意の学年をあげ，課題とその対応策について。

□最後に，教員を志望する理由を30秒程度で。

【場面指導】

□生徒からSNSのアカウントを教えてほしいと言われ，教えた。その後，頻繁にやりとりをするようになり，校外で会う約束をした。また，自宅で生徒と二人きりで会うようにもなった。この事例を聞いて，あなたはどう思うか。また，あなたならどうするか。

□休み時間に一人でいる生徒に対してどのように対応するか。

□夜遅くまで仕事をしていたところ，「公園で生徒が騒いでいる」と電話があった。どう対応するか。

□採用された初年度にクラス担任を持つことになった。はじめに担当するクラスの生徒に対してどのように接するか。

□保護者から「子どもが夜遅くまでスマホやタブレットでゲームをしている」と連絡があった。どう対応するか。

▼中高英語

【質問内容】

□東京都を受けた理由は。

□中学校時代の恩師はどんな人か。

□東京都の教育の魅力について具体的に。

□東京都英語村と都独自の英語教材はどのように子どもに役立っているか。

□興味のある研修は。

□海外研修でどこの国に行きたいか。

→その理由は。

□子どもと関わった経験で大切にしていたことは何か。

□最も成果をあげた取組みと，それをどのように生かしていくか。

→その場面で具体的にどのような役割だったか。

□組織的かつ計画的に動くことはなぜ必要か。

□生徒のために尽くすとはどういうことか。

□子どもが安心して生活をするためにはどうすればよいか。
□自分が最後まで粘り強く対応した取組みについて。
→具体的にどのように対応し，乗り越えたか。
□対応した生徒が実習前と実習後でどのように変わったか。
→その困難にぶつかった時，相談できる人はいたか。
→普段から困った時に相談できる人は誰か。
□ストレスがたまった時どうするか。
□教育公務員として都民の期待や信頼に応えるために何ができるか。
→具体的に。
□服務の厳正とはなにか。
□未来の東京を担う人材とはどのような人か。
□評価の観点の工夫について。
□英語科で得意な分野とそれをどう生かせるか。
→どのように生かすか具体的に。
→その活動について具体的に。
→その活動をすることで子どもたちはどう感じるか。
□基礎的・基本的な技能を身に付けさせるためにICTをどう使うか。
□英語が得意な生徒にはどう対応するか。
□中学校3年生の発達段階の特色とは。
□自分の将来について考えさせるためにできる工夫は。
□どんな生徒を育てたいか。
□あなたが担任だったらどういう雰囲気のクラスを作りたいか。
→そうするために子どもたちとどう関わるか。
□最後に教師になりたいという思いを簡潔に30秒ほどで。
【場面指導】
□進路指導のために生徒とSNSのIDを交換し，校外で会ったり家で二人きりになったりした事例についてどう考えるか。
→なぜあってはならないことだと考えるのか。
→あなただったらどう対応するか。
□長らく学校に来ていなかった生徒が登校してきた。どう声をかけ，その後どう対応するか。

→困ったことがあってもなかなか子どもが話そうとしてこなかったら，どう対応するか。

→その対応は1人でするか。

□保護者から，あなたの授業はわかりやすいが隣のクラスの先生の授業が分かりにくいというクレームがあった。どう対応するか。

▼中高英語

【質問内容】

□東京都の志望理由。

→きっかけは。

→そのためにどんな努力をしてきたか。

□今まで生徒と接した経験は。

→大切なことは。

→どのように実践するか。

□あなたが努力し，成果をあげた取組みについて。

→学んだことは。

→教員としてどう生かすか。

□最後まで粘り強く取り組んだことで学んだことは。

→具体的には。

→困難なことは。

→助けてくれる人は。

□ストレスを解消するためにどんな手立てがあるか。

→どう回復するか。

□最後に改めて教員になりたい気持ちを30秒で。

【場面指導】

□生徒からの相談でLINEのIDを教え，頻繁に連絡をとり，担任の家で会った。

→あなたなら，どう対応するか。

▼中高保体

【質問内容】

□どうして東京都を志望したのか。

□教員を目指したきっかけは。

□青年海外協力隊ではどんな経験をしたか。

□ストレスの解消法は何か。

□中学生の発達段階をどう考えるか。

□教育実習で学んだことは。

□最も成果をあげた取組みと，その経験を教員としてどのように生かすか。

□最後まで粘り強く対応した取組みについて。

□教育公務員として都民の期待や信頼に応えるために重視することは。

□自分の得意分野は。

□生徒のつまずきやすいと考える分野は。

□授業を行う上での工夫について。

□どのような生徒を育てたいか。

【場面指導】

□LINEのIDを聞かれたら(生徒から)どのように対応するか。

□高3の担任だとしたら，どのようなクラスを作りたいか。

□生徒が学校に行きたくないと言ったらどう対応するか。

□部活では何を重視し指導するか。

□ICTをどのように活用するか。

▼養護教諭

【質問内容】

□東京都の志望理由。

→なぜインクルーシブ教育を推進したいと思ったのか。

→養護教諭としてどのように推進していくか。

□保育の現場と教育現場との違いについて。

□小・中・高の子どもの発達段階について。
□インクルーシブ教育の推進以外にどんな仕事があるか。
□これまでに最も成果を上げた取組みについて。
→その経験を学校でどう生かすか。
□挫折経験について。
□小1ギャップについてどう対応するか。
□行ってみたい指導は。
□自分自身の課題解決の仕方について。
□都民の期待や信頼に応えるためにどうするか。
□不祥事について，不祥事には何があるか。
→どんなことに気を付けていくか。
□なぜつまずきやすい単元にがん教育をあげたか。
→忙しい現場の中でその時間をどうつくるか。
□不登校児童との関わりで大切にすることは。
→連携という言葉がでてきたが，誰と連携するか。
□小・中・高学年それぞれの保護者とどう関わっていくか。
→いわばモンスターペアレントのような人にはどう接していくか。
□自己PRを30秒で。
□子ども・保護者・教員にとっての保健室経営をどうするか。
□保健室のルールをどうするか。
□現場に入って「思っていたのと違う，こんなはずではなかった」と思ってしまったらどうするか。

【場面指導】

□保健室で「寝不足だから寝かせてほしい」と言われたらどうするか。
→保護者にも「受験勉強で寝不足なので寝かせてほしい」と言われたらどう対応するか。
□進路指導の際，先生が生徒と教室に2人だけになった。その先生は生徒に頼まれて，ラインを教えてしまっていた。また，学校以外で進路の相談をしたいと言われ，家に入れてしまった。これを聞いて何が問題点だと思うか。

▼養護教諭

【質問内容】

□東京都を志望した理由は。

□昨日の夜はどのように過ごしたか。

□困った時はどうするか。

□落ち込んだ時はどうするか。

□小学校と中学校では，養護教諭として違いはあるか。

□粘り強く行ったことについて。

□複数配置，連携する上で一番重要だと思うことは何か。

□児童生徒と関わる際，大切にしていることは何か。

□教育公務員として何を重視するか。

□都民の信頼に応えるためにどうするか。

□出勤したら，まず何をするか。

□つまずきやすい点はどこだと思うか。

□性の指導において，性的マイノリティーへの配慮はどうするか。

□理想の保健室経営は。

□小学5年生のイメージは。

→何を指導するか。

□中学3年生のイメージは。

→何を指導するか。

□採用されたら，是非やってみたい事は。

□最後に，教員になりたい気持ちを30秒で。

【場面指導】

□エピペンを持ってる児童生徒について，関心の低い職員に対してどう対応するか。

→エピペンを持ってる児童生徒に対して，養護教諭として何をするか。

□うちの子は疲れているので，保健室で寝かせてほしいと保護者から申し出があったら，どう対応するか。

□男性教員が女子生徒とSNSの連絡先を交換し，その後自宅に呼んでいた。この事例について，どう考えるか。

◆実技試験(2次試験)

※小中高共通，中・高共通，小・中共通，特別支援学校のうち，以下の教科及び小学校全科(英語コース)の受験者が対象(ただし，実技免除条件もあり)。面接を欠席した場合は実技を受験できない。

〈音楽科〉

【課題】

□ピアノ伴奏付き歌唱

以下の7曲のうちから当日指定された1曲をピアノで伴奏しながら歌う。

①「赤とんぼ」(三木露風作詞　山田耕筰作曲)
②「荒城の月」(土井晩翠作詞　滝廉太郎作曲)
③「早春賦」(吉丸一昌作詞　中田章作曲)
④「夏の思い出」(江間章子作詞　中田喜直作曲)
⑤「花」(武島羽衣作詞　滝廉太郎作曲)
⑥「花の街」(江間章子作詞　團伊玖磨作曲)
⑦「浜辺の歌」(林古溪作詞　成田為三作曲)

※主な評価の観点：曲想にふさわしい表現の工夫及び基礎的な表現の技能等を評価する。

〈保健体育科〉

【課題】

□以下の4種目全てを行う。

・器械運動〔マット運動〕(伸膝前転，前方倒立回転跳び)
　→練習1回，本番1回。15mマット。
・水泳(水中からのスタート　25mバタフライ，25m背泳ぎ)
　→1本(25m)は練習可。スタート・ターンは評価対象外。

・球技〔サッカー〕(ドリブル，シュート)
→始めにドリブルをし，その流れのままシュートを行う。
・武道〔柔道〕(礼法，前回り受け身，支え釣り込み足)
→練習各1回。全員終わったら，1人ずつ支え釣り込み足から行う。
相手(受)は有段者が用意されている。この際，礼法を見られる。
※主な評価の観点：体育実技を指導する上で必要かつ十分な技能の理解の状況等を評価する。

〈美術科〉
【課題】120分
□鉛筆による素描
モチーフ：平紐
※主な評価の観点：正確な描写，鉛筆を生かした表現の技能等を評価する。

〈英語科〉
【課題】
□Oral Interview(受験者1名につき10分程度)
○英語でのスピーチ(テーマ「なぜ英語教員になりたいか」)
・1分間で行う。
・スピーチ原稿の持ち込みは不可。
○英語でのディスカッション(ネイティブスピーカーとの1対1の対話形式で行う)
・すべて英語で受け答えを行う。
〈ディスカッション内容例〉
・ペアワーク，グループワークのメリットは。
・ALTをどのように活用するか。
→ALTが指導で忙しいとき，どうするか。
・ウォームアップの意義は。
・クラスルーム・イングリッシュについて。

・オーラル・イントロダクションについて。

※主な評価の観点：英語によるコミュニケーション能力を評価する。

2023年度

◆適性検査(1次試験)　15分

※選考区分が特例選考社会人経験者の受験者のみ実施する。

◆集団面接(2次試験)　面接官3人　受験者4，5人　約40分

※あらかじめ集団討論のテーマ候補が示されており，試験当日その中から1つ出題される。

※面接室ごとに面接委員が提示する課題(1点)について，受験者が順番に各自の考えやそれを実現するための具体的な取組を発表する。

※受験者全員の発表が終わった後，各自が提示した課題に関連することについて，受験者間の話し合いや質疑応答を行う。

※評価の観点：教職への理解，教科等の指導力，対応力，将来性，心身の健康と人間的な魅力等

〈テーマ〉

□問題を見いだして解決策を考えさせる。

□学習したことの意義や価値を実感できるようにする。

□社会生活上のきまりを身に付けさせる。

□自信をもって行動することができる力を身に付けさせる。

〈試験の流れ〉

○受験者は，指導力向上を目的とし，他校から集まり研修に参加しているという設定。

○2分間構想し，自分の考えと具体的方策について挙手制で90秒以内に発表をする。

○各自が発表した具体的な取り組みの中から1つか2つ選び，それを実行するためにどのような目的を持ち，どう方策を実施するのか，グループで学年や校種を決めて，25分で話し合う。

※司会の有無は問わない。
※メモを取ってもよいが，終了後に回収される。
※制限時間がきた後にグループの意見を発表する必要はない。
※それぞれの名前を呼ぶときは座席にあるアルファベットで呼ぶ。

▼小学校全科
【テーマ】
□社会生活でのきまりを守らせるためにどうするか。
・まわりの話をよく聞いて，それを生かし，つなげていくように発言するとよい。
・大きすぎるくらいのリアクションがあると，安心感を与えられる。

▼中高国語
【テーマ】
□生徒にきまりを守ることを教えるのに，どのようなことができるか。
・柱立てや方向性を決めるために，最初の2分間の個人発表をよく聞き，皆の認識を確認した。
・話ができていない人や反対意見を持つ人にも考えを聞く機会をとった。
・授業内・外の両方のアプローチを考えた。
・時間を見ながら，具体案を出すだけではなく，話し合いが進むように適宜進行を皆が行った。

▼中高数学
【テーマ】
□児童や生徒に自信を持って行動する力を身に付けさせるためにはどうすればよいか。
・テーマは2週間前に送られてくるので，方策をできるだけ多く考えておく。
・意見発表は挙手制なので，早目の方に発表をしておくと，意見が被らなくてよいと感じた。

▼中高理科

【テーマ】

□生徒が学ぶことの意義を感じるために，どのような方法があるか。

・自ら司会者になった人が一方的に指名してきたため，考えがまとまらなくても発言しなければいけなかった。

・実践的な練習を数多く(様々な人やパターンで)こなしておくことの必要性を実感した。

▼中高社会

【テーマ】

□生徒が学習したことの意義や価値を感じながら学習を行うということについて。

・全員で議論の前提条件などをきちんと固めてから話し合いを進めるようにした方がよい。

・周りの人の意見も聞きつつ，自分の意見をきちんと言えることが大切だと感じた。

▼中高英語

【テーマ】

□児童・生徒が自信を持って行動できるようになることに関するあなたの考えと具体的な実践を教えてほしい。

・2分の構想時間の後，準備ができた受験者から挙手で発表。

▼中高音楽

【テーマ】

□児童・生徒が学習したことに意義や価値を感じられるような方法や取り組みについて。

・5人はそれぞれ別の学校に所属する教員で，学力向上のための研修会に参加しているという設定。

▼中高保体

【テーマ】

□自信をもって行動することができる力を身に付けさせることについて。

・メモを取ることに集中しないこと，相手の意見を聞いたうえで自分の意見を言うことが大切であると感じた。

▼中高家庭

【テーマ】

□生徒に社会生活上のきまりを理解させることについて。

・司会やまとめの担当は決めず，各自の1分半での発表の中で共通点を見つけて内容を深めていく形をとった。

・面接官の方から残り時間等は告げられないので，各自時間を把握しておくことが必要。

▼養護教諭

【テーマ】

□自信をもって行動することができる力を身に付けさせることについて。

・皆でアイコンタクトをしつつ，発言できてない人がいないように確認しあいながら行った。

・面接官は，内容よりも話し合いの雰囲気を見ている気がした。

◆個人面接(2次試験)　面接官3人　約30分

※受験者があらかじめ作成し面接当日に提出する「面接票」及び「単元指導計画」等を基にして，質疑応答を行う。

※評価の観点：教職への理解，教科等の指導力，対応力，将来性，心

身の健康と人間的な魅力等
※集団面接に続いて個人面接が行われる。
※個人面接では，場面指導に関する内容も含む。

▼小学校全科
【質問内容】
〈面接票について〉
□東京都の志望理由。
□目指す教師像。
□部活動について。
□教員を目指したきっかけ。
□小学校の志望理由。
□数学の楽しさは(数学の教員を目指していたから)。
□ICTのよさ。
□学校でやりたいこと。
□実習で学んだこと。
→実習で気付いたこと。
□部活の経験をどう生かすか。
□目指す児童像。
〈単元指導計画について〉
□なぜこの教科を選んだのか。
□なぜこの単元を選んだのか。
□この単元のつまずきはどこか。
□工夫しているところはどこか。
□対話的な学習はどこに入れるか。
□授業で大切にしたいことは何か。
〈場面指導〉
□子どもがいじめられていると保護者から電話があった時の対応。
□あざのある児童への対応。
□授業がつまらないという児童への対応。

□授業中うるさい時の対応。
□毎日遅刻してくる児童への対応。

▼小学校全科
〈面接表について〉
□東京都の志望理由。
□印象に残った先生。
□施策「個性と成長に合わせて意欲を引き出す学び」のためにどう取り組むか。
→なぜ信頼関係を築くことが大切なのか。
→4月すぐには無理ではないか。
→子どもと接するときに大切にしたいこと。
□クラブは運動系が得意なのか。
□専門科目について。
→国語を専門にしていることを具体的に教えて。
→国語の面白さとは。
→国語が嫌いな子にどう対応するか。
□教育実習について。
→高学年と関係づくりのために意識したことは。
→学んだことは，どのようなことか。
□高校・大学で力を入れたことは。
→楽しいと感じたことは。
→うまくいかなかったことは，また，どう解決したか。
→教師という仕事にどう生かすか。
□ボランティアやバイトはしたか。
→塾でのバイト内容を具体的に。
→塾と学校の違いは。
□今は教員という仕事の大変さが色々言われているけど大丈夫か。
〈単元指導計画について〉
□5年 国語 物語文(自身で選定)。

□単元を選んだ理由を教材と絡めて教えて。
□情景描写に気付けない子に対してどうするか。
□ワークシートが書けない子にどう対応するか。
□ICTは活用できるか。
□単元導入で意欲を持たせる工夫は。
□生徒間の交流を促すための工夫は。
〈場面指導〉
【内容】
□登校してきた子の顔に殴られたようなあざがあったらどうするか。
→虐待の可能性がありそうな時はどうするか。
→保護者にはどう対応するか。
→本人がなかなか理由を言い出さない時どうするか。
□保護者に「学校での様子がよくわからない」と言われたらどうするか。
→すでに学級通信を出しているときは。
→複数の保護者から同じように言われたら。
→保護者会や学級通信以外は。
□地域の方から「近くの公園でずっと児童が遊んでいる」と連絡があったらどうするか。
→現地に向かうときに準備することはあるか。

▼中高国語
【質問内容】
〈面接票について〉
□なぜ東京都の教員を志望したのか。
□教員を目指したきっかけは。
□どのような教員になりたいか。
→児童生徒と信頼を築くことは難しいが，どのように築いていくか。
□働き方改革をあなたは一教員としてどのように取り組んでいくか。
□学校支援ボランティアに書かれている具体的内容(活動内容)を教え

てほしい。
□教育実習で印象に残っていることはあるか。
→教育実習で大変だったことはあるか。
□部活動指導で大切にしたいこと。
〈単元指導計画について〉
□この内容を選んだ理由。
→教育実習で実際に行ったということだが，生徒の反応はどうだったか。
□ジグソー法の説明を簡潔にせよ。
□評価はどのようにするのか。
□説明をすることが苦手な生徒にどのような支援をするか。
□積極的な子と消極的な子がいると思うが，どのように指導するか。
□この授業を通して，または国語科の教員としてどのような生徒に育っていってほしいと考えるか。
〈場面指導〉
□生徒から，私のことをほっといてくれと言われたときの対応。
□学校にあなた一人しか教員が居ない状況で，部活動指導中に地域の方から公園で生徒がうるさいから注意して欲しい，と言われたときの対応。
→職員室に他の教員がいる場合はどうするか，公園には1人で行くのか。
□保護者から子どもがいじめられているかもしれないと相談された(電話)ときの対応。
※場面指導を行う前に，模範的な意見ではなくあなた個人の考えを教えて欲しいと伝えられた。

▼中高国語
【質問内容】
〈面接票について〉
□志望理由。

→それに関連して，中学時代の恩師について。
□高校の部活について。
□大学での活動について。
〈単元指導計画について〉
□この単元を選んだ理由。
□一番力を入れて教えたいところ。
□この単元で何を学ぶことができるのか。
□教材の魅力。
〈場面指導〉
□授業中居眠りをしている生徒がいたらどう対応するか。
→その生徒が反抗してきたらどう対応するか。
□下校態度が悪いというクレームが入ったらどう対応するか。
□部活の声がうるさいというクレームが入ったらどう対応するか。

▼中高数学
【質問内容】
〈面接票について〉
□集団面接はどうだったか。
□志望動機。
□東京都を選んだ理由。
□教育資源・環境を活かしたいとあるが，具体的にどんな政策が気になったか。
□ICTを授業でどのように生かしたいか。
□教育実習時にどんな工夫を行ったか。
〈単元指導計画について〉
□この単元(一元一次方程式)を選んだ理由。
□この単元は何月に学習するか。
□連立方程式や二次方程式は何月に学習するか。
□なぜ小学校では□や○を使うのか。
□グループ活動の工夫点や注意点は。

□ICTをいつ活用するか。

〈場面指導〉

□授業中に生徒が教室から飛び出したときにどうするか。

→どんどん遠くへ行ってしまい，学校から出ようとしたらどうするか。

□保護者から，子どもの成績が1であることに対する不満の連絡がきたらどうするか。

→説明しても納得がいっていなかったらどうするか。また，どんなものを使って説明するか。

▼中高社会

【質問内容】

〈面接票について〉

□東京都を志望した理由。

□豊富な教育資源を具体的に一つ。

→それを使ってどのように授業をするのか。

□生徒と関わるうえで大切にしたいこと。

□教育実習で印象に残ったこと。

□教員は忙しいが，自分自身はどのように学んでいくか。

□教員の志望理由。

□学生時代に頑張ったこと。

□卒業研究は何か大変だったか。

→卒業研究で学んだことで，学校で生かせることは。

□他に頑張ったことはあるか(部活動と答えた)。

→合唱部は何人ぐらいいたか。

→合唱部で苦労したことは。

□伝え方の工夫を具体的に。

□合唱部の顧問をするとしたら，どんな顧問になりたいか。

〈単元指導計画〉

□この単元を選んだ理由を教材と絡めて説明してほしい。

□(集団討論で役割を決めた実験について話していたが)この実験で役割を決めるとしたらどんなことが考えられるか。
→その役割で生徒は自信がつくか。
□評価の項目が多いが，評価しきれるか。
□この実験の危ないところは何か。
→(火傷と答えたら)生徒が火傷をしたらどう対応するか。
□理科が嫌いな生徒にはどうやってアプローチするか。
〈場面指導〉
□授業中に寝ている生徒がいたらどうするか。
□急に忘れ物や遅刻が増えた生徒がいたらどうするか。
□近隣住民から登下校のマナーが悪いと電話がかかってきたらどうするか。
※1つの質問に対して，さらに深く掘り下げられるような質問をされた。

▼中高社会
【質問内容】
〈面接票について〉
□なぜ東京都の教員を志望したのか。
□教員になるために努力していることは何か。
□(大学での活動について)どうしてそれを始めたのか。
→きっかけは何か。
→教師としてどう生かすか。
〈単元指導計画について〉
□新しい学習指導要領のポイント，それを踏まえて指導案のどこにポイントがあるか。
□主体的・対話的で深い学びを重視しすぎて授業内容が終わらないのではないか。
〈場面指導〉
□授業がつまらないと教室を飛び出した生徒への対応。

□生徒が大きなあざをつけて登校してきた時の対応。
□家庭で生徒がずっとゲームをしているという保護者からの相談をされた時の対応。

▼中高英語
【質問内容】
〈面接票について〉
□東京都の教員を志望した理由。
□部活動の時間削減が進められているが，地域の方にはどのようなことを任せられるか。
□ICTが進む中で，あったらよいなと思うツールは何か。
□他の先生とうまく意見が合わないことがあったら，あなたはどうするか。
□大学時代に最も力を入れたこと。
□高校時代に部活の部長をして，苦労したことはどんなことで，解決のためにどのように頑張ったか。
〈単元指導計画について〉
□なぜこの単元を選んだのか。
□特に工夫したのは何講時のどのような取り組みか。
〈場面指導〉
□クラスの生徒の保護者から，帰ってきてからずっと泣いていて理由も話してくれないとの問い合わせがあった。あなたはどう対応するか。
□クラスの生徒が授業アンケートで，SNSで悪口を言われていると書いていた。あなたはどう対応するか。

▼中高音楽
【質問内容】
〈面接票について〉
□東京都の教員を志望したのはなぜか。

→困難を乗り越え，人生を切り抜く力と音楽の授業がどうつながるのか。

□これまでの教職経験の中で，見本としたい先生はいたか。

□これまでの教職経験の中で，他の先生と意見がぶつかってしまったことはあるか。

□これまでの教職経験の中で，一番苦労したことは何か。

→どのように解決したか。

→これからどのように生かすか。

□空白期間は何をしていたか。

□児童と関わるときに意識していることは何か。

□担任の先生とはどのように連携を図っているか。

□現在の仕事内容について詳しく教えてほしい。

□週に何時間授業を受け持っているか。

〈単元指導計画について〉

□この題材の中で，一番ハイライトとなるのは何時間目か。

→どんな力を身につけさせたいか。

□ICTはどの部分で活用できそうか。

□なぜこの題材を選んだのか。

□何月ごろに設定するのか。

〈場面指導〉

□ある保護者から「うちの子はクラスで仲間外れにされているようだ」と連絡があった。どのように対応するか。

□顔にあざをつくって登校してきた生徒がいた。どのように対応するか。

□「授業が面白くない」と言ってとび出してしまった子どもがいた。どのように対応するか。

▼中高保体

【質問内容】

□東京都教員の志望理由。

□部活動の活動内容とその経験をどう生かすか。
□刑罰の有無。
□どのように子どもと接するか。
□専門員をどう生かすか。
□体育の授業で安全面はどう確保するか。
〈場面指導〉
□授業の内容を理解できない生徒への対応。
□体罰を受けているのが疑わしい子どもへの声かけと保護者への対応。

▼中高家庭
【質問内容】
〈面接票について〉
□東京都を受験した理由。
□他に受験している自治体について。
□理想の教師とは。
□高校での応援団とクッキング部の活動時間の確認。
□(理想の教師でコミュニケーションについて話したため)今までコミュニケーションで失敗したことは何か。
→その時どのように対応したか(応援団の話)。
→応援団は体育祭でどんな結果になったのか。
□大学で頑張ってきたことは。
→ボランティアで苦労したこととその対応。
→大学前半はなぜボランティアしなかったのか。
〈単元指導計画について〉
□なぜ高校の単元にしたのか。
□家庭料理技能検定を小学生に受けてもらうにはどうすればよいか。
□評価のウが1回しか評価する場がないが，どうするか。
□地域のどんな人を使うのか。
□ICTで個別最適になるか。

□栄養士の資格も取るということで，実務を積めば栄養教諭にもなれるが，なぜ家庭科教師なのか。

〈場面指導〉

□授業がつまらないという生徒への対応。

□成績を上げてほしいという保護者，生徒への対応。

▼養護教諭

【質問内容】

〈面接票について〉

□なぜ東京都希望か。

□なぜ養護教諭か。

□保健室に来ている生徒で気になる人はいるか。

□自分の得意なこと。

□部活での成果。

→部長をしていて一番困難だったことは。

→それを子どもとの対応にどう生かしていくか。

□子どもと触れ合う上で気を付けていることは。

□ICTをどれくらい使用できるか。

〈単元指導計画について〉

□設定理由。

□気にしたポイント。

□実際に授業でやったことがあるか(ICT活用を取り入れたので，使用したコンテンツについて聞かれた)。

□生徒がつまずきそうなポイントはどこか。

□評価はどこでするのか。

〈場面指導〉

□子供に「いじめられている」と相談されたら，どう対応するか。

◆実技試験(2次試験)

※中高共通，小中共通，特別支援学校の音楽・美術・保健体育・英語，小学校全科(英語コース)の受験者が対象となる(ただし，実技免除条件もあり)。面接を欠席した場合は実技を受験できない。

〈音楽科〉

以下の3点全てを行う。

【課題1】

□ピアノ初見演奏。

※2分間練習の時間が与えられた。

A ピアノ初見演奏

C ピアノ初見演奏

【課題2】

□声楽初見視唱。

※30秒声を出さずに楽譜を読む時間が与えられた。

声楽初見視唱B

声楽初見視唱D

【課題3】

□ピアノ伴奏付き歌唱。

以下の7曲のうちから当日指定された1曲をピアノで伴奏しながら歌う。なお，移調は可能とし，伴奏譜は指定しないので各自で用意する。

①「赤とんぼ」(三木露風作詞　山田耕筰作曲)

②「荒城の月」(土井晩翠作詞　滝廉太郎作曲)

③「早春賦」(吉丸一昌作詞　中田章作曲)

④「夏の思い出」(江間章子作詞　中田喜直作曲)

⑤「花」(武島羽衣作詞　滝廉太郎作曲)

⑥「花の街」(江間章子作詞　團伊玖磨作曲)

⑦「浜辺の歌」(林古渓作詞　成田為三作曲)
※主な評価の観点：曲想にふさわしい表現の工夫及び基礎的な表現の技能等を評価する。
※当日は「授業の中で生徒に聴かせるつもりで」という指示があった。
※1番で演奏を終了するよう指示があった。

〈保健体育科〉
以下の6種目全てを行う。
□器械運動〔跳び箱運動〕(かかえ込み跳び・開脚伸身跳び・屈身跳び)
□陸上競技〔ハードル走〕(40mのハードル走，高さ76cm)
※雨天時は走り高跳び(100cm)
□水泳(水中からのスタート　25mバタフライ，25m背泳ぎ)
□球技〔ハンドボール〕(ドリブルシュート(右，左)，ゴール下シュート(左右交互))
※フェイントでディフェンスをかわしドリブルからシュート，ゴール下でバックボードに当てたボールをキャッチしてからシュート
□武道〔剣道〕(礼法，正面打ち，小手打ち，胴打ち，切り返し)
□ダンス〔創作ダンス〕(実技試験の受験者にあらかじめ指定する課題及び課題曲(葉加瀬太郎のWITH ONE WISH)に合わせたダンス65秒程度)
※主な評価の観点：体育実技を指導する上で必要かつ十分な技能の理解の状況，学習指導要領及び解説に示されている技能の習得の状況等を評価する。
〈美術科〉
□色鉛筆による静物画
※モチーフ：ビニールチューブ(透明)，カラーボール(ピンク)，計量カップ(金属)，箱(茶色)
※主な評価の観点：モチーフの配置，構図，正確な描写，色鉛筆の特徴を生かした技能等を評価する。

※紙は四ツ切サイズでカルトン持参

▼中高英語

【課題】

Oral Interview　(20分程度)

・200語程度の英文の聴解とその英文の内容等に関する質疑応答

・200語程度の英文の音読とその英文の内容等に関する質疑応答

※主な評価の観点：英文の聴解及び音読，英文の内容に関する質問への応答や意見表明等を評価する。

2022年度

◆適性検査(1次試験)　15分

※選考区分が特例選考社会人経験者の受験者のみ実施する。

◆集団面接(2次試験)　面接官3人　受験者5人　約40分

※あらかじめ集団討論のテーマ候補が示されており，試験当日その中から1つ出題される。

※面接委員が提示する課題(1点)について，受験者が順番に各自の考えや，それを実現するための具体的な取り組みを発表する。

※受験者全員の発表が終わった後，受験者間の話し合いや質疑応答を行う。

※評価の観点は，教職への理解，教科等の指導力，対応力，将来性，心身の健康と人間的な魅力等であった。

〈テーマ〉

□思考力・判断力・表現力に関すること。

□自主的，自発的な学習に関すること。

□協働した学びに関すること。

□勤労や社会貢献に関すること。
□異文化理解と共生に関すること。
□健康の保持，増進に関すること。
※このうち4つが事前に受験者に通知された。
〈試験の流れ〉
○受験者は，初任者として「指導力向上のための研修」に参加しているという設定。
○対象となる校種と担当学年を決定する。
○2分間構想し，自分の考えと具体的方策について90秒で発表する。
○各自が発表した具体的方策の中から，よいと思うものを1～2つ選ぶ。
○つぎに，それを実行する上での課題と解決策を約25分間でまとめる。
※写真確認のとき以外マスク着用のまま受験する。
※司会の有無は問わない。
※メモを取ってもよいが，終了後に回収される。

▼小学校全科
【テーマ】
□異文化理解と共生について。
・全員が学校推薦で受けている人たちだったので，想定より発言するのが難しかった。
・テーマについて「どう捉えるか」という抽象的な問いがあった。

▼中高国語
【テーマ】
□生徒が自発的に学びを深めるために，必要なことは何か。
・教科でできること，学級でできることをまとめた。
・「日常生活と結び付ける」，「段階的に振りかえる活動を行う」という展開で討論が進んだ。

▼中高国語

【テーマ】
□異文化理解と共生について，校種を明らかにして，具体的な取り組みを考えなさい。
・他人の意見を否定しない。
・相手の目を見て話す，聞くことが大切。

▼中高数学
【テーマ】
□自主的・自発的な学習に取り組ませるためには。
・集団討論は，練習してきた受験生とそうでない受験生に歴然と差が出る。一次試験終了後，練習を積んだほうがよい。
・面接票はあらかじめ作っておくと，直前にバタバタしないで練習に打ち込めると思う。

▼中高社会
【テーマ】
□思考力・判断力・表現力について。
・「思考力・判断力・表現力」をどう課題解決能力と結び付けるか，その方策を話し合う。
・受験者の中には，事前に調べた「思考力・判断力・表現力について」だけ発表し，「課題解決能力」を見落としていた人がいた。
・単に事前の暗記学習では，説得力がなく，新鮮でない。自分なりの教育哲学が必要。

▼中高英語
【テーマ】
□問題を解決するための思考力・判断力・表現力をどう伸ばすかについて，具体的な取り組みを挙げながら述べなさい。
・校種，教科，学年を決めた上で「思考力・判断力・表現力をどう捉えるか」，「それらを育てるための具体的な取り組みを1つか2つにまとめる」が条件(まとめて最後に発表はなかった)。

▼中高音楽

【テーマ】

□子どもたちに自主的，自発的な学習を行わせるためには，教員としてどのように考え，どのように取り組むか。

・生徒の興味・関心を引き出す観点から，1つか2つの具体的な方策を話し合う。
・20分間で討論し最後にまとめまで行う。
・初めにそれぞれ自分の意見を考える時間があり，その後1人ずつ発表。それから討論に入った。
・取ったメモは終了後回収される。

▼中高音楽

【テーマ】

□子どもたちの思考力・判断力・表現力を育成するために，教師としてどのように考え，どのようなことを行うか。

・話し合いでは具体的な取り組みを考え，時間の中でまとめる。

▼中高音楽

【テーマ】

□異文化を理解し，共生しようとする態度を生徒に身に付けさせることについて，あなたの考えと具体的な方策を述べなさい。

・他者の意見について賛成するときなどは，「私もAさんの意見に共感します。それに少し付け加えまして，～」など，自分の意見を必ず添えると話し合いが進む。
・他者の発言内容をよく聞いて方向性を提案したり，新たな視点での発言をしたりすることが必要。

▼中高保体

【テーマ】

□異文化理解と共生について。

・受験者5人がA～Eまで受験番号順に振り分けられ，着席する。その後，面接官からテーマを提示される(面接官はこれ以降全く介入がなかった)。次に意見をまとめる時間を2分もらえ，挙手制で90秒で意見発表。全員の意見発表が終わったら，20分間ほど討論する。

▼中高家庭

【テーマ】

□自主的・自発的な学習を生徒にさせるために，教師ができること・取り組むこと。

・発表で要点を伝えたいときは，「○○点あります。1点目は～，2点目は～」と言うとわかりやすい印象を与える。

・司会はいてもいなくてもよいが，タイムキーパーがいるほうが楽。

・テーマは，一次試験の合格通知と一緒に送られてくる。そのうちの一つが当日指定される。

▼特別支援(中学部・高等部：保体)

【テーマ】

□生徒の自己肯定感を高め，自主的・自発的に学習するための方法を考える。

・積極的に発言している人が合格した印象がある。

◆個人面接(2次試験)　面接官3人　約30分

※受験者があらかじめ作成し面接当日に提出する「面接票」及び「単元指導計画」等を基にして，質疑応答を行う。

※評価の観点は，教職への理解，教科等の指導力，対応力，将来性，心身の健康と人間的な魅力等であった。

※集団面接に続いて個人面接となる。

※個人面接では場面指導に関する内容も含む。

▼小学校全科

【質問内容】

〈面接票について〉

□東京都を志望した理由は何か。

□東京都の教員としてどのように取り組みを行うか。

〈単元指導計画について〉

□単元指導計画と学習指導計画の違いは何か。

□豊かな心はどのようにして育成するか。

〈場面指導〉

□児童に授業がつまらないと言われたらどう対応するか。

□授業中の私語が止まらない理由は何か。

▼小学校全科

【質問内容】

〈単元指導計画について〉

・かなり具体的な質問が多い。授業をしっかり自分の中でイメージする必要がある。

〈場面指導〉

□席替えの際に子どもから好きに決めさせてほしいと要望があったら，どのように対応するか。

□子どものケガの報告について保護者から訴えがあった場合，どのように対応するか。

・定番の質問が多かったので，おさえるところをきっちりおさえておけば大丈夫だと思う。

・待ち時間がかなり長かった。勉強道具を持参すると精神的にもよいと思う。

・3人の面接官は，1人目は受験者の人間的魅力や将来性について見る人，2人目は教科等の指導力について見る人，3人目が対応力や教職の理解などを見る人だと感じた。
・場面指導の質問はかなり圧迫感があった。

▼小学校全科
【質問内容】
〈面接票について〉
□教育実習で教師が大変そうだと感じたことは何か。
□部活動，サークルで大変だったことは何か。
→そこで学んだことをどう生かすか。
〈単元指導計画について〉
□なぜ理科の授業を選んだのか。
□この授業にICTを活用するならどうするか。
□円滑に学習をすすめる上で必要なことは何か。
〈場面指導〉
□教室から子どもが飛び出したときどう対応するか。
→その際，どんな危険性が考えられるか。
□校務分掌の際に気を付けることは何か。
・場面指導は，現役生が一番つまずく所だと言われていたので，念入りに対策した。

▼小学校全科
【質問内容】
〈面接票について〉
□教育実習で学んだことは何か。
→教室全体を見る力とは，具体的にどのような工夫のことか。
〈単元指導計画について〉
□なぜこの学年と単元を選んだのか。
□確実に知識を身に付けるための授業の工夫とは。
□あなたの考える，知・技とは。
□なかなか発言しない児童への対応と評価をどうするか。

〈場面指導〉

□発達障害の児童が授業中に奇声をあげたらどう対応するか。

□遠足の班決め後，「好きな子が一緒じゃないから行かない」と言ってきたらどうするか。

□保護者から「うちの子が孤立しているみたい」との連絡があった。

→学年主任，管理職に報告，相談の前に何かするか。

→周りの児童への対応をどうするか。

□保護者に「うちのクラスは指導力不足なのでは？」と言われた。

→親はクラスの状況をよくわかっていると思うか。

→指導力不足といっても具体的内容は言ってもらえなかった。どうするか。

□地域の方に「道に広がって歩いていたのを注意したら乱暴な言葉遣いで返された」と苦情があった。

→クラスではどう対応するか。

▼小学校全科

【質問内容】

〈単元指導計画について〉

□グループワークでみんなが協力的になるにはどう工夫するか。

・面接官の話をよく聞き，自分の回答に対する指摘を「確かにそうだ。なら，このように変えたい」と，柔軟に対応することが必要。練習通りに押し通すのではなく，よく聞いて，対話する。

〈場面指導〉

□顔にあざのある子どもへの対応(虐待が疑われる場合)。

□時間を守らない子にはどうするか。

□習熟度の違いをどうするのか。

□ケンカをしている子どもをどうするか。

・回答すると「では，その後こうなりました。どうしますか」とさらに質問が続く。児童が目の前にいることをイメージして，具体的に考えるとよい。

▼小学校全科

【質問内容】

〈面接票について〉

□特別支援学級の免許をとった理由は。

□特別支援教育支援員の仕事を通して気づいたことは。

→どんな子どもを支援したか。その仕事を通して何に気づいたか。

〈単元指導計画について〉

□なぜ社会科のこの単元を選んだのか。また，どういう教材を使うか。

□別室登校の児童にどう関わりたいか。

〈場面指導〉

□授業中に暴言を吐いた児童がいた。どのような要因が考えられるか。

→その要因を解消するために，どう取り組むか。

□好きな友達と同じ席になりたいと言われたらどうするか。

→同じ席にしてやれない理由を説明しても，納得できない場合はどうするか。

→学年主任と相談して，好きな友達と同じ席にすることになったら，どんな問題が生じるか。

□保護者から，「通知表の成績に納得いかない」と言われたらどうするか。

→(ポートフォリオ評価について説明すると答えたら)具体的にはどう評価するのか。

▼中高国語

【質問内容】

〈面接票について〉

□留学経験について話してください。

□教育実習について話してください。

〈単元指導計画について〉

□単元のねらいについて話してください。

〈場面指導〉

□生徒の現金が盗難に遭ったときの保護者への対応。
　→「警察に訴える」,「学校が現金を返せ」と言われたらどうするか。
□今後教師として困難に当たったときどうするか。
□教師として大切にしていることを3つ挙げなさい。
・問題発生時に落ちついて客観的に行動できるかが問われているように感じた。

▼中高数学
【質問内容】
〈面接票について〉
□東京都の教員を志望した理由は。
□学生時代1番努力した経験は。
□部活動について。
〈単元指導計画について〉
□なぜこの単元を選んだか。
□数学が苦手な生徒にはどう対応するか。
□ICT機器をどう活用するか。
〈場面指導〉
・1つの質問に回答したら，その回答について「それで？　それで？」とさらに深く掘り下げられ，5つ追質問された。

▼中高社会
【質問内容】
〈面接票について〉
□ICTは使いこなせるか。
〈単元指導計画について〉
□新学習指導要領が旧版と比べて変わった点を2つ述べなさい。
□アフリカの気候の特色は何か。
〈場面指導〉
□勉強がわからない，やる気がない生徒へどう対応するか。

□地域住民から「生徒が夜騒いでいる」と連絡があった。どう対応するか。

▼中高社会

【質問内容】

〈面接票について〉

□サークル活動で他者との合意形成はどう行ったか。

〈単元指導計画について〉

□この単元指導はどう簡略化できるか。

□トゥールミン図とは何か。

〈場面指導〉

□何度注意しても私語を止めない生徒がいたらどうするか。

□注意したら生徒が教室から出て行ってしまった。対応の段取りを述べなさい。

□生徒が私物を盗まれたと保護者から電話で相談があった。保護者は,「犯人を捕まえて,会わせて欲しい」と言う。

→初動はどうするか。

→犯人(加害者)を会わせるか。

・場面指導では,個人面接の時に示した教育観と矛盾のないように注意すること。

▼中高英語

【質問内容】

〈面接票について〉

□オーストラリアで経験を積んだとのことだが,その経験から学んだことは何か。

→その学んだことは,学校の教育活動で生かせそうか。

→経験を踏まえてどんな取り組みをしたいか具体例を述べなさい。

□高校と大学で苦労したことは何か。

□教育実習で学んだことは何か。

→生徒のよいところが見えた場面について話してください。
→実習での学びはこれから生かせそうか。

〈単元指導計画について〉

□なぜ現在完了の単元を選んだのか。
→現在完了はどう難しいと思うか。
→その難しさをどう解決するのか。
→ペアワークとグループワークを行うのはなぜか。
→ペアワークなどの時に気を付けたいことや工夫などはあるか。
→ペアワークやグループワークを行う頻度は。

□英語の教師としてどんなことをしたいか。
→楽しい英語の授業の「楽しい」とはどういうことか。
→そういう授業をするためにどんなことをしてみたいか。
→授業で生徒にどの程度英語を使わせたいか。
→英語の基礎が身に付いているとはどんな状態だと思うか。

〈場面指導〉

□生徒に注意したら興奮してしまった。どうするか。
→(その子の話を聞くなどと答えたので)話し合いをすると言うが，場所の配慮などどうするか。
→興奮してしまった子以外の生徒たちへの対応はどうしたらよいか。
→そのような出来事があったということを伝えるべき人がいるなら，どんな人か。

□保護者から，うちの子の学校での様子がわからないと言われたらどうするか。

・聞かれたことに対して追質問が多いので，面接練習の時は深く掘り下げて答える練習が必要だと思う。
・集団面接のあと，個人面接に向けての待ち時間が人によって大きく異なる。

▼中高英語

【質問内容】

〈単元指導計画について〉

□教育実習ではこの計画を実際に行ったのか。実際にやってみてどうだったか。

□クラスによっては発表まで到達できず大変だと思うが，工夫する点はあるか。

・面接官が必ずしも自分の専門と一緒ではない。誰にとってもわかりやすく説明できるようにしておくこと。

〈場面指導〉

□授業中おしゃべりをやめない生徒がいたらどうするか。

□保護者が「うちの子がいじめを受けているのでは」と問い合わせてきた。どう対応するか。

・最後に，「東京都の公務員として意識したいことはあるか」，「管理職に報告しなければならないケースをできる限り多く挙げてください」のように知識を試す質問をされた。

・知らないことを聞くことで，その人が教師になった時もごまかさずに，勉強不足を認められるかどうかが見られているようだ。

・東京都の教育ビジョンや教育施策大綱には必ず目を通し，自分なりに自分の考えている教育活動と結び付けて話せると，納得してもらいやすい。

・面接票に書いたことは，どんな角度で聞かれても大丈夫なように，練習しておくとよい。

▼中高音楽

【質問内容】

〈面接票について〉

□志望理由。

→そのことについて2つくらい質問。

□教育実習で学んだこと。

→学んだ成果をどう生かせたか。

→そして生徒はどう変わったか。

□部活動で学んだこと。
→それを教師としてどう生かすか。
〈単元指導計画について〉
□なぜこの題材にしたか。
□この題材で何を身に付けさせたいか。
→時間内に終わるか。
□この授業でICTを活用するとしたらどう使うか。
〈場面指導〉
□生徒が授業中に言うことを聞かないときどうするか。
□苦手なことから逃げる生徒をどう指導するか。
□生徒が授業中に暴れる，奇声を発する時はどう対応するか。
□地域の方から「吹奏楽部の音がうるさい」と苦情が来たらどう対応するか。
□地域の方から「生徒に注意をしたら暴言を吐かれた」と苦情が来たらどうするか。
□音大受験を考えている生徒の保護者から「大学受験のために特別指導をして欲しい」と言われたらどうするか。
・何を答えてもさらに深く聞かれるので，そういう前提で答えを考えたほうがよい。
・面接票は，どんな質問をされるかを意識しながら作ったほうがよい。
・場面指導では，実際の場面を演じるのではなく，どう対応するかを言葉で説明した。

▼中高音楽
【質問内容】
〈面接票について〉
□東京都を志望した理由は。
□東京都の生徒に何を指導したいか。
□初任者研修以外で知っている研修はあるか。
□特に気になる研修はあるか。何を学ぶか。

□自分の長所であるとしている観察力はどうやって高めたのか。
□学校の教師と意見が合わない時どうするか。
□吹奏楽部で辛かったことは何か。
□ボランティア活動の具体的なエピソードを3つくらい挙げなさい。
〈単元指導計画について〉
□年間指導計画での位置付け。
□音楽を通して一番学ばせたいことは。
□この授業で，生徒がつまずくのはどこか。
→どう教えていくか。
□ICTが使えない生徒はどうするか。
□合唱コンクールで他の教師とどう連携するか。
〈場面指導〉
□授業前，教室にだれもいなかったらどうするか。
□授業中，ずっと伏せている生徒がいたらどうするか。
□生徒に「これだけは頑張ってほしい」と思うことは何か。

▼中高音楽
【質問内容】
〈面接票について〉
□面接票の文化・スポーツ活動等の欄にいろいろと書いているが，この中で一番の成果だと思うことは何か。
→その経験を詳しく教えてください。
→他者との話し合いの中で，自分はどのような考えをもっていたか。
→その際，異なる意見，対立する意見はあったか。
→あなたは意見を言う人と，まとめる人のどちらだったか。
→うまく解決していけた要因は何か。
→その時の経験から学んだことを一言で表すと何か。
〈単元指導計画について〉
□評価規準について，思考・判断・表現をどう評価していくか。
□グループワークについて詳しく説明してください。

→グループワークが苦手な生徒への手立ては何かあるか。

□この題材，またはそれ以外でも，教科等横断的な視点で何か考えているか。

→そのために，社会科の教師とどう連携するか。

□卒業式の練習で，音程を取るのが難しく歌いたくない生徒にはどうするか。

〈場面指導〉

□クラスで，好きな者同士で座りたいと言う生徒へどう対応するか。

→話し合いの中で，クラス全体が好きな者同士でよいだろうという雰囲気になったらどうするか。

□クラスで注意した生徒が反抗して暴れた時の対応は。

→放課後，その生徒との面談中，あなたには話をしてくれなかったらどうするか。

□保護者の方から成績が1だったと苦情の電話が来た時の対応は。

→来校していただく際にはどの教師がいたらよいか。

→保護者の方は1人で来られると思うが，教員は何人くらいがベストか。

□地域の方から「あなたの学校の生徒に，登下校中に注意をしたら反発された」と電話が来たら，どう対応するか。

→今後の予防策は何かあるか。

・東京都の二次試験は事前準備が前提なので，一次試験の合格発表を待たずに二次試験対策を始めたほうがよい。早めに準備をして面接の練習を多くこなせば，自信をもって臨めると思う。

▼中高家庭

【質問内容】

〈面接票について〉

□特技は英語と書いているが，なぜ家庭科を志望するのか。

〈場面指導〉

□あなたはICT推進委員会の1人である。他の教師から「自分はチョーク1本で授業してきた。ICTなんて使いたくない」と言われたら，どう対応するか。

→「その先生のよさとICTを上手く融合できる授業案を提案する。否定するのではなく，一緒に頑張りましょう，私も調べてきます，と協働的な姿勢で取り組む」と回答した。

・待ち時間は資料を見ていてよい。

▼中高保体

・面接票からの質問，単元指導計画，場面指導の順で，各担当の面接官から各10分程度質問される。

・単元指導計画では，かなり細かいところまで聞かれた(例：コロナで単元が2時間削られるとしたらどうするか，など)。

▼特別支援(中学部・高等部：保体)

・面接官は3人。1人が面接票，1人が指導計画，1人が場面指導について，10分ずつ質問される。

◆実技試験(2次試験)

※中・高共通，小・中共通，特別支援学校のうち，一部の教科及び小学校全科(英語コース)の受験者が対象となる(ただし，実技免除条件もあり)。面接を欠席した場合は実技を受験できない。

※各科目の試験について，実施要綱では以下のとおり示されている。

〈英語科〉

Oral Interview(口頭試験)

以下の2点を行う。

□200語程度の英文の聴解とその英文の内容等に関する質疑応答。

□200語程度の英文の音読とその英文の内容等に関する質疑応答。

※評価の観点は英文の聴解及び音読，英文の内容に関する質問への応

答や意見表明等であった。

〈音楽科〉

以下の3点全てを行う。

【課題1】

□ピアノ初見演奏。

A ピアノ初見演奏

C ピアノ初見演奏

Moderato
poco rit.
Allegretto
rit.
più mosso
poco rit.
Moderato
meno mosso

【課題2】

□声楽初見視唱。

声楽初見視唱B

【課題3】

□ピアノ伴奏付き歌唱。

以下の7曲のうちから当日指定された1曲をピアノで伴奏しながら歌う。なお，移調は可能とし，伴奏譜は指定しないので各自で用意する。

①「赤とんぼ」(三木露風作詞　山田耕筰作曲)

②「荒城の月」(土井晩翠作詞　滝廉太郎作曲)

③「早春賦」(吉丸一昌作詞　中田章作曲)

④「夏の思い出」(江間章子作詞　中田喜直作曲)

⑤「花」(武島羽衣作詞　滝廉太郎作曲)

⑥「花の街」(江間章子作詞　團伊玖磨作曲)

⑦「浜辺の歌」(林古溪作詞　成田為三作曲)

※主な評価の観点は，曲想にふさわしい表現の工夫及び基礎的な表現の技能等であった。

〈保健体育科〉

以下の6種目全てを行う。

□器械運動〔マット運動〕(倒立前転，側方倒立回転跳び1/4ひねり，伸膝後転，前方倒立回転跳び)

□陸上競技〔走り高跳び〕(はさみ跳び)

□水泳(水中からのスタート　25mバタフライ，25m背泳ぎ)

□球技〔ハンドボール〕(パス，ドリブル，シュート)

※フェイントでディフェンスをかわしドリブルからシュート，パスを受けてドリブルからジャンプシュート

□武道〔柔道〕(礼法(座礼)，後ろ受け身，前回り受け身)

□ダンス〔現代的なリズムのダンス〕(実技試験の受験者にあらかじめ指定する課題及び課題曲に合わせたダンス60秒程度)

※主な評価の観点は，体育実技を指導する上で必要かつ十分な技能の理解の状況，学習指導要領及び解説に示されている技能の習得の状況等であった。

〈美術科〉150分
□色鉛筆による静物画
※モチーフ：おたま，クリアカップ，紙風船，手ぬぐい
※主な評価の観点は，モチーフの配置，構図，正確な描写，色鉛筆の特徴を生かした技能等であった。

▼中高英語　面接官3人　20分
【課題】
〈リスニング〉(トピック：「日本の出汁について」)
※軽く自己紹介してから試験に入る。
※200語程度の文章をALTが音読(2回)する。その間メモをとってもよい(後で回収される)。その後その文章についての質問が2つなされる。
□出汁はどのように作られるか。
・間違えて出汁を作る時の材料を答えてしまった。
□基本五味を全て答えよ。
・文章の最後に全部触れられていたが，4つしか答えられなかった)
〈リーディング〉(トピック：「出汁の歴史」)
※200語程度の文章を3分で黙読し，そのあと起立して音読。内容についての質問が1つ，内容に関連する質問(意見を聞いてくる感じ)もあり。文章の内容はリスニングで扱われたのと同じトピックで少し異なる内容。
□なぜ昆布だしは味が濃くないのか。
□ローカル料理について授業でどう触れるか。

▼中高英語
【課題】
〈リスニング〉(トピック：「恐竜博物館」)
□何のために「恐竜博物館」は作られたか。
誰がこの博物館を監修したか。
□あなたが子どもに地域の魅力を伝えるとしたら，どのような方法を

取るか。
・スピードはゆっくりめだったが，インド系の訛りで聞き取りに戸惑うことがあった。
・…square kilometers, 10 billion peopleなどの数値や，October 2ndなどの日付が多く出てきた印象だった。

▼中高音楽

【課題】

□ピアノ伴奏付き歌唱。
・「花の街」の1番を指定された。
・生徒の前で見本を見せるという設定。

□ピアノ初見演奏。
・2分練習ののちに弾く(遅すぎると途中で切られる)。
・音楽記号などに注意して演奏してくださいと言われる。

□声楽初見視唱。
・30秒間予見時間をもらえる。
・最初の音のみピアノで音確認可能。
・あまり調性のある感じの課題ではない。

▼中高音楽

【課題】

□ピアノ伴奏付き歌唱。
・「夏の思い出」を演奏した。

□声楽初見視唱。
・20秒間声を出さずに譜読みをしたあと本番。

▼中高保体
・6～7名を1グループとして合計20グループ形成する。
・グループごとに各種目をローテーションする。
・グループの中では受験番号順に受験する。

・自分は，現代的なリズムのダンス→マット運動→走り高跳び→ハンドボール→水泳→柔道の順番で受験した。

▼中高保体

【課題】

□柔道

・受け身，礼法

□ハンドボール

・ジャンプシュート

□ダンス

・現代的なリズム

□走り高跳び

・男子110cm，女子100cm　各2本

□マット運動

・倒立前転，ロンダート，伸膝後転，ハンドスプリング

・柔道→ハンドボール→ダンス→水泳→走り高跳び→マットの順で受験した。

▼特別支援(中学部・高等部：保体)

【課題】

・7名グループで柔道→ダンス→マット→高跳び→ハンドボール→水泳の順番。

・待ち時間が長かった。

2021年度

◆集団面接(2次試験)　面接官3人　受験者5人　約40分

※あらかじめ集団討論のテーマ候補が示されており，その中から1つ出題される。

※指定された課題について，受験者間の話し合いや質疑応答を行う。
※評価の観点は，教職への理解，教科等の指導力，対応力，将来性，心身の健康と人間的な魅力等である。
〈テーマ候補〉
□学習への取組に関すること
□自己肯定感に関すること
□情報活用能力に関すること
□社会参画に関すること
〈試験の流れ〉
○受験者は，初任者として「指導力向上のための研修」に参加しているという設定。
○対象となる校種と担当学年を決定する。
○2分間構想し，自分の考えと具体的方策について90秒で発表する。
○各自が発表した具体的方策の中から，よいと思うものを1～2つ選ぶ。
○つぎに，それを実行する上での課題と解決策を約25分間でまとめる。

▼小学校全科
【テーマ】
□自己肯定感を高める取り組みについて，自身の意見とその具体的な取り組みの内容について述べよ。
・他の人の発言内容はメモを取っても構わないが，机上に置けるのは時計とペン1本のみ。メモ用紙は支給される。
・1人がまとめ役になり，4人の意見をまとめて回した。
・最終的に2年生の国語「語彙力を伸ばそう」でまとまった。
・学習指導と生活指導について1案ずつ出した。
・マスクをしたまま行う(集団面接・集団討論・個人面接とも)。

▼小学校全科
【テーマ】
□主体的に学習に向かう態度を児童・生徒に身に付けさせることにつ

いて，あなたの考えとそれを実現するための具体的な取り組みを述べよ。

・「自分の意見を90秒で述べる」という条件がある。日頃から，時間を計って話をするアウトプットの反復練習が効果的である。

▼小中美術

【テーマ】

□自主的に学ぶ意欲を伸ばすためには。

・積極的に進行役を買って出る受験者がいて，自分は圧倒されるばかりだった。

▼中高国語

【テーマ】

□児童・生徒が主体的に学習に取り組む力を養うためにはどうしたらよいか。

・「継続することで，やる気や自信につなげさせること」を中心に話を進めた。

・「朝学習に小テストを取り入れる」，「毎日自宅学習を行うためのホームワークノートを作る」という案を出した。

▼中高数学

【テーマ】

□自己肯定感を育む考えと実践策。

・日本の生徒は自己肯定感が低いという調査結果，高める教育の必要性，学校で自分のよさに「気づかせる」ように教育する必要性を述べてから，生活習慣を正し，学習習慣に結び付ける活動を提案。2つ目の案として体験活動を挙げ，普段の学びを外部の人との交流により確かめるとした。

・面接時に，アクリル板を置くような感染対策はなく，マスク越しに話す。

▼中高英語

【テーマ】

□主体的に学習に取り組む態度を養うことについて。

・方策を2つ決めて話し合う。話し合う時間は25～27分で打ち切られる。

・他のメンバーの意見に追加したり発展させたりしながら自分のアイデアを伝えるという形がよいらしい。

▼中高保体

【テーマ】

□自己の可能性を引き出し，個性を伸ばしていけるように自己肯定感を高めるための方策を考える。

※グループのメンバーは，みな別々の学校の初任者であると想定する。

※テーマについての考えがまとまった人から順に挙手し，90秒で自分の意見を発表する。その後，このテーマについてグループで話し合う。

・協調性を大事にしながらも，積極的に自分の意見を述べることも大事。

・ほかのメンバーが発表した考えを取り入れながら意見を述べると，皆で話し合いが進んでいく。

▼中高保体

【テーマ】

□自己肯定感について。

・面接官からは，説明以外の指示などはない。

・対象校種や教科など，何も決まっていない状態からスタートする。

▼養護教諭

【テーマ】

□自己管理能力の育成について。

・1名欠席のため4名での話し合いとなった。

・事前に以下の4つのテーマが発表されており，当日，そのうちの1つが課題として提示される(①学習への取り組みに関すること，②自己肯定感に関すること，③情報活用能力に関すること，④社会参画に関すること)。

▼特別支援(小学部)

【テーマ】

□主体的に学習に取り組む態度の育成(学習への取り組みに関すること)。

・グループのメンバーは，東京都の異なる学校種で勤務する教員で，研修で集まりそこでの成果を発表するための話し合いをするという場面設定。対象とする学校種・障害種別・学年などは自分たちで想定する。

・司会進行役は特に決めないため，皆で進めるよう指示がある。

・テーマを育むための具体的活動を1～2つ挙げ，このテーマをどうとらえるか，そして何が必要か，ねらいなどを含めて検討するよう指示がある。

・主体的に学習に取り組む態度の育成に関しての研究発表をするための話し合いをする。

◆個人面接(2次試験)　面接官3人　約20～30分

※受験者があらかじめ作成し面接当日に提出する「面接票」及び「単元指導計画」等を基にして，質疑応答を行う。

※評価の観点は，教職への理解，教科等の指導力，対応力，将来性，心身の健康と人間的な魅力等である。

※集団面接に続いて個人面接となる。空き時間は待機のみ。参考書閲覧等は不可。

※個人面接では場面指導に関する内容も含む。

▼小学校全科

【質問内容】

〈面接票について〉

□中学・高校時代の部活で担当した楽器の魅力は何か。

□ボランティアの内容を具体的に述べよ。

□学校が「ブラック」と言われていることについてどう考えるか。

〈単元指導計画について〉

□指導計画のうちどこが大事と思うか。

□算数科以外で学びの意欲を上げるためにはどうするか。

〈場面指導について〉

□授業中，児童が「授業つまらない」と叫んで教室から出て行ったらどう対応するか。

→次の日，また同じことになったらどう対応するか。

□保護者から「うちの子が仲間外れにされている」と電話があったらどう対応するか。

▼小学校全科

【質問内容】

〈面接票について〉

□教師を目指したきっかけは何か。

□東京都を志望した理由は何か。

□最先端の教育とは何か。

□グローバル教育に携わったことはあるか。

□実習で学んだこと，苦労したことは何か。

□今まで努力し，そこから得たことと，それをどう教育現場に生かすか。

□得意分野について詳しく聞かせてほしい。

□卒業論文について詳しく教えてほしい。

・どのような視点で研究しているか。

・部活を通してチームの大切さを感じた出来事は何か。

・ボランティア活動の内容は何か。
・児童の変化を感じたことがあれば教えてほしい。

〈単元指導計画について〉

□この単元を選んだ理由は何か。
□単元の中でICTを使うならどこか。
□児童がつまずくところはどこか。
□この計画の中で学び合いを行うのはどこか。
□この計画の中で主体的・対話的な学習はどこか。

〈場面指導について〉

□児童に授業がつまらないと言われたらどう対応するか。
□ルールを守らない児童へどう対応するか。
□登校をしぶる児童に対してどう対応するか。
□保護者から「うちの子がいじめられている」と言われたらどう対応するか。
□授業中に騒いでいる児童がいたらどうするか。
□「先生の授業がわかりにくいと子が言っている。先生を代えてほしい」と保護者から連絡があったらどうするか。
□席替えを仲のいい者同士で行いたいと言っている。どう対応するか。
□「いじめられて学校に行きたくないと子が言っている」と保護者からの電話があった。どう対応するか。

〈その他〉

□基礎・基本はどのようにして徹底するか。
□豊かな心はどのようにして育成するか。
□児童が興味関心を持つ授業はどういう授業か。
□教師になることを楽しみに思うか。
□教師になって何を1番に大切にしたいと考えるか。

▼小学校全科

【質問内容】

〈面接票について〉

□大学生活で成果を上げた経験は何か。
□児童が話を聞いてくれない場合はどのように解決したか。
□「児童との約束を守る」とは具体的にどのようなことか。
□どのようにして「思いやりを持った児童との適切な関係づくり」をつくったか。
□教員間の報告・連絡・相談はなぜ必要と思うか。
□支援を要する児童がいたとき，誰に相談するか。
〈単元指導計画について〉
□「既習内容を振り返り垂直の定義を知る」とはどんな授業か。
□「慣れる」活動について具体的に述べよ。
・面接票に書いたことは必ず最初に聞かれる。何を聞かれても自信をもって答える。
〈場面指導について〉
□ルールを守れない児童をどのように指導するか。
□保護者から指導についてクレームがあったときどう対応するか。
□地域住民から，児童が夜遅くまで遊んでいると連絡があったらどうするか。
□運動会の練習の音がうるさいとクレームを受けたときどう対応するか。
→ほかの学年やクラスの児童であった場合はどうするか。
・「～してもうまくいかない場合は，どうするか」という質問が多かった。指導の中核の部分を答え忘れているか，面接官が期待を持って聞いてくれている場合がある。あせらず落ち着いて答えること。

▼小学校全科
【質問内容】
〈面接票について〉
□家を出るとき家族から何か言われたか。
□なぜ教師になりたいと思ったのか。
□中高の免許を持っているが，なぜ小学校を希望するのか。

□なぜ東京を志望するのか。
□教育ボランティアとして，具体的にどのようなことをしたのか。
〈単元指導計画について〉
□なぜこの単元を選んだか。
□児童がつまずいたら，教師としてどのように対応するか。
□机間指導で重視することは何か。
□授業に追いつけない児童がいた場合どうするか。
〈場面指導について〉
□授業中に歩き回ってしまう児童にどのように対応するか。
→保護者にどのように報告するか。
□感染症予防等のため自宅学習が増えるとき，教師としてどのような対策をとるか。
□ある児童が，ほかの児童A・B・Cから無視されていると相談に来た。どのように対応するか。

▼小学校全科
【質問内容】
〈その他〉
□小中連携についてどのように考えるか。

▼小学校全科
【質問内容】
□あなたが尊敬する恩師について詳しく述べなさい。
□東京都の教育的資源をどう活用していくか。
□防災教育を行う上で一番大切にしたいことは何か。

▼小学校全科
【質問内容】
〈面接票について〉
□高校・大学で経験した集団スポーツは，どんなところが楽しいか。

□卒論のテーマについて説明しなさい。
〈単元指導計画について〉
□なぜこの単元を選び，どういう教材を使うか。
□他の教科とどう関連させるか。
□児童の「わかった」，「できた」をどう判断するか。
〈場面指導について〉
□朝，保護者から「うちの子がいじめられている」と電話があった。どうするか。
→指導後，保護者に報告をするときに色々と留意することがあるが，どうするか。
□今後，自身の足りない部分をどのように向上させていくか。

▼小学校全科
【質問内容】
〈場面指導について〉
□休み時間が終わり教室に行くと，授業の準備ができていない。どのように指導するか。
□朝，登校してきた児童の顔にアザがあった。どのように対応するか。
□「通知表の評価が納得いかない」と言う保護者へどう対応するか。

▼中高国語
【質問内容】
〈場面指導について〉
□強豪校の部活動指導の担当になったらどうするか。
→練習時間を減らしたい，または増やしたいとの要望があったらどうするか。

▼中高国語
【質問内容】
〈面接票について〉

□高校・大学時代には，部活動や委員会でどんな活動をしたか。
□インターンシップ先で，印象に残ったメッセージや言葉はあるか。
□国語を通して，生徒に一番身に付けてもらいたい力は何か。
〈単元指導計画について〉
□この単元を選んだ理由は何か。
□この計画の中で，ペアワークやグループワークはいつ行うか。
□話し合いを深めるために何をするか。
□ICT等はどこで活用するか。
〈場面指導について〉
□「仲良しの友だちと遠足の班で一緒になれなかった」と，放課後に生徒から相談を受けた。遠足までは2週間ある。どう対応するか。
□保護者から電話で「他の学級より指導がよくないのでは」とクレームがきた。どう対応するか。
・ひとつ質問に答えると，「それはなぜか」，「こうなったらどうするか」等の質問がさらに続く。強い気持ちで答え続けること。
・集団面接(集団討論)の後に個人面接があるので，順番によってはかなり待機時間が長くなる。
・待機場所である体育館で，間隔をあけてパイプ椅子に座ったが，感染症対策にマスクを着用しているので，夏の体育館はとても暑い。水筒とタオルは必須である。

▼中高数学
【質問内容】
〈場面指導について〉
□授業をやる気がない生徒へどう対応するか。
□主体的に学習に取り組む態度をどのように評価するか。
□保護者から，授業に対するクレームがあった。どう対応するか。
□地域住民から，生徒の自転車が邪魔であるというクレームがあった。どう対応するか。

▼中高数学

【質問内容】

〈面接票について〉

□部活動で大変だったことは何か。それをどう乗り越えたか。

〈単元指導計画について〉

□この単元で最も大切だと考える時限はどこか。

〈場面指導について〉

□保護者の方からの電話で「子がケガ(骨折)をして帰ってきた。学校ではどういう管理をしているのか」とクレームがきた。どう対応するか。

□夏に「こんな暑い日に，生徒に部活動をさせているのか」と地域の方からクレームがきた。どう対応するか。

▼中高数学

【質問内容】

〈単元指導計画について〉

□数学が嫌いな生徒に数学のよさをどのように伝えるか。

□学力の低い生徒にはどのように指導するか(たとえば中学校などで)。

〈場面指導について〉

□授業中に騒いでいる生徒に対してどう対応するか。

□授業中に居眠りをしている生徒にどう対応するか。

□教室で生徒の持ち物がなくなった。保護者と生徒にどう対応するか。

▼中高数学

【質問内容】

〈面接票について〉

□志望動機を述べなさい。

□大学で頑張っていたことは何か。それをどう教員に生かせるか。

□部活動で他の人と衝突したとき，どう対処したか。

〈単元指導計画について〉

□ICTをどのように活用するか。
□中学の単元を挙げているが，高校の場合はどの単元をやりたいか。
〈場面指導について〉
□いつも元気なクラスの生徒が，ある日全く話さず静かにしていたらどうするか。
→話を聞くと「いつも仲良くしている友だちに突然無視された。何とかして欲しい」と言われた。どう対応するか。
→相手の生徒からは「嫌なことをされてむかついたから話したくない。あいつが悪い」と言われた。どう対応するか。
□明らかにネグレクトが行われている(服が汚いなど)ことがわかったらどうするか。
→生徒に「親が食べ物を与えてくれない」と言われた。どう対応するか。
→親には「経済的に厳しい」と言われた。どう対応するか。
・面接は，練習してきた回答を述べればよいだけではない。自分のどんなところが教員に向いているか，どんな考えを持っているか，その核をしっかり意識することが大切。

▼中高理科
【質問内容】
〈面接票について〉
□大学での専攻を中学・高校での教育にどう生かすか。
□理科の授業で一番大切にしたいことは何か。
〈単元指導計画について〉
□学習意欲を高めるためにどうするか。
□理科全体で伸ばしたい力とは何か。
□理科教育をどう捉えているか。
〈場面指導について〉
□「授業がつまらない」と生徒が教室から飛び出したらどうするか。
□クラスで重大ないじめが発覚した。被害生徒，加害生徒への対応はどうするか。
□保護者から「学校より塾の方が指導がよい」と言われた。どう対応するか。
□どのような学級をつくりたいか。

▼中高理科
【質問内容】
〈面接票について〉
□なぜ教職を志望したのか。
〈単元指導計画について〉
□なぜこの単元(酸塩基)を選んだか。
□中和滴定実験を具体的に説明しなさい。
〈場面指導について〉
□授業中に暴れた生徒へどう対応するか。
□登校時にあざが目立つ生徒へどう対応するか。
→中学校2年生の担任を想定して答える。

▼中高社会
【質問内容】
〈場面指導について〉
□保護者から「学校で子が友だちに菓子を取られた」と連絡があった。どう対応するか。
□地域住民から「生徒が公園で騒いでいる」と連絡があった。どう対応するか。

▼中高英語
【質問内容】
〈面接票について〉
□教員を志望したきっかけについて述べなさい。
□あなたが誇れること，頑張ってきたことは何か。

□学習支援ボランティアで苦労したことは何か。
〈単元指導計画について〉
□単元で，どんな点に工夫したか。
□グループ学習は何人を想定しているか。その理由は何か。
□指導計画の内容が難しいようだ。具体的な支援方法を述べなさい。
□新しい評価規準は，中学・高校で，それぞれいつから適用されるか。
□男女平等教育や人権問題は社会科でも扱うが，英語科で扱う場合どんな違いがあるか。
〈場面指導について〉
□教育相談はどのような場所で行うか。
□養護教諭やカウンセラーと連携する上で大切なことは何か。
・暑いので，面接時もジャケットを着る必要はないと言われた。控室では水分補給をこまめに行うことや，長丁場になるので身体をほぐすなどリラックスするようにと言われた。
・トイレは事前に誘導員に申し出て同行してもらう。終了後も誘導員の指示に従って控え室へ戻る。
・控室及び面接室前での待機中は私語厳禁で，参考書やノート，面接票，単元指導計画の閲覧はできない。
・8時20分から説明が始まった。最初に，受験者の単元指導計画と面接票，第二次選考通知書の確認が行われた。その後，試験の流れや注意事項の説明が15分程度行われた。控室での説明の中で，面接票3部と単元指導計画3部の提出をした。単元指導計画の残り1部は返却され，個人面接時も見ながら行うことが可能との指示が出た。30分ほど静かに待機し，9時5分になったら，誘導員の指示に従い，面接室へ移動し，さらに少し待機した後，面接室に入室し，集団討論を始めた。

▼中高英語
【質問内容】
〈面接票について〉

□東京都の教育の課題は何だと考えるか。
□地域と連携した教育とは何か。
→連携が希薄な学校に赴任したらどうするか。
・面接票については特定のことについて深く聞かれたため，一切聞かれなかった項目もあった。
〈単元指導計画について〉
□あなたにとって英語の「基礎」とは何か。
□この計画の中で，困難が予想される時間はどこか。
□少人数制のメリット・デメリットを述べなさい。
□クラスによっては発表まで到達できず大変だと思うが，工夫する点はあるか。
〈場面指導について〉
□授業中に関係ないことをしている生徒がいる。どう対応するか。
□テストで点数が上がらず，生徒が「自分はダメだ」と相談してきた。どのような声掛けを行うか。

▼中高英語
【質問内容】
〈面接票について〉
□恩師について述べなさい。
□学生時代に何か成果を上げた経験があるか。
〈単元指導計画について〉
□評価規準について述べなさい。
□ワークシートについて説明しなさい。
〈場面指導について〉
□文化祭ではどんなことに気をつけるか。
□保護者から「文化祭準備のために帰宅が遅い」と言われた。どう対応するか。
□生徒に注意をしたら，その生徒が怒って興奮してしまった。どう対応するか。

▼小中美術

【質問内容】

〈単元指導計画について〉

□彫刻刀を使用する際の注意点や指導について。

・自分が提出した指導案には彫刻刀の使用があったため，細かく質問された。

〈場面指導について〉

□保護者から「先生の授業はつまらない」と言われた。どう対応するか。

▼中高音楽

【質問内容】

〈場面指導について〉

□授業に集中できない生徒へどう対応するか。

□夜遊びする生徒へどう対応するか。

・場面指導では，想定される場面を口頭で説明される。

▼中高音楽

【質問内容】

〈場面指導について〉

□音楽が苦手な生徒にどう指導するか。

□成績不振の生徒の保護者へどう対応するか。

□ICT機器を用いた授業において，想定外の作品を作ってしまった生徒にどう指導するか。

▼中高家庭

【質問内容】

〈面接票について〉

□大学の知識をどのように生かしていくのか。

□部活動で頑張ったことを教育にどう生かすか。

〈場面指導について〉
□授業中おしゃべりをしている生徒にどう対応するか。

▼中高保体
【質問内容】
〈単元指導計画について〉
□安全に配慮する点はどんなところか。
〈場面指導について〉
□部活動中に近隣の家の窓を割ってしまった。どう対応するか。

▼中高保体
【質問内容】
〈面接票について〉
□自己紹介しなさい。
□志望動機を述べなさい。
〈場面指導について〉
□毎日，校門で挨拶運動をすることになった。どんなことを心がけるか。
・5分前に教室の外に設置されている椅子に座って待機する。時間になると面接官に呼ばれ入室。
・面接官は受験者の動作をまじまじと観察している。ノックや礼などの所作に気をつけて荷物を置き着席する。

▼中高保体
【質問内容】
〈面接票について〉
□オリンピック・パラリンピック教育をどのように行うか。
〈単元指導計画について〉
□この計画の中で，一番生徒の成長を感じるところはどこか。
□どんな点に工夫したか。

〈場面指導について〉

□携帯電話を持ってきてはいけないと指導した生徒がまた持ってきた。どう対応するか。

□生徒が騒いでいると近隣住民からクレームがあった。生徒に注意をしたら暴言を吐かれた。どのように指導するか。

▼中高保体

【質問内容】

〈面接票について〉

□最先端の教育とはどんなものか。

□どんな研修制度が魅力か。

□理想の教師像とはどういうものか。

〈場面指導について〉

□急に生徒が倒れてしまったとき，どのように対処するか。

▼養護教諭

【質問内容】

〈場面指導について〉

□SNSトラブルについてどう対応するか。

□時間を守らない児童生徒へどう対応するか。

□眠いと言っている児童生徒へどう対応するか。

□児童生徒のケガのクレームに対してどう対応するか。

□どのように感染症対策を行うか。

□他の先生方とどのように協力体制をつくるか。

▼養護教諭

【質問内容】

〈面接票について〉

□学生時代スポーツをしていて一番よかったことは何か。

□学校教育で生かしたいと思うことは何か。

・面接票に記入したことについて多く質問された。よく考えて答えたほうがよい。

〈単元指導計画について〉

□この授業で児童生徒にどんな変容があると思うか。

□この指導案で自主的・自発的な活動を行うとしたらどこか。

□グループ活動は何人で行うのか。

□全体ではどうやって共有するのか。

〈場面指導について〉

□毎朝，頭が痛い，お腹が痛いと保健室へ来室する児童生徒がいる。どのように対応するか。

→メンタルに起因するものだったらどう対応するか。

□保護者から「子が何もしてもらえなかった」とクレームがあったら，どのように対応するか。

→保護者にどう伝えるか。

→養護教諭が実際に行った手当てと，児童生徒が保護者に伝える情報とが異なることはよくあると思われる。このような場合はどうするか。

・詳細に質問されるので，事前にしっかりと準備が必要である。

▼養護教諭

【質問内容】

〈面接票について〉

□チームワークで大切なことは何か。

□どんな保健室経営をしたいか。

〈単元指導計画について〉

□この授業を受けることで，児童生徒はどんなことができるようになるか。

□評価規準について述べなさい。

□本時の展開では，どう評価するか。

□T1・T2の役割を述べなさい。

〈場面指導について〉

□「どうしても授業に行きたくない」,「授業がつまらない」と言う児童生徒へどう対応するか。

→それを担任教諭に伝えるかどうか。

□登校してすぐ保健室で寝たいと言う児童生徒へどう対応するか。

□虐待の疑いのある児童生徒へどう対応するか。

・回答した内容について「なぜ」,「それではこの場合はどうするか」と，さらに深く質問される。

・集団面接のメンバー5人が，順に個人面接を受ける。自分は5番目だったので，30分×4人＝2時間も待ち時間があった。

▼特別支援(小学部)

【質問内容】

〈面接票について〉

□どのような教師になりたいか。そのためにどのような努力をするか。

□東京都が目指す教育，教師像について4つ挙げなさい。

□良好なコミュニケーションをとるためにはどのようなことに気を付けるか。

〈場面指導について〉

□展覧会で児童の作品を展示したが，後日保護者から自分の子の作品がきちんと展示されていなかったという意見が届いた。調べると児童が触り壊してしまったようである。どのように対応するか。

□研修などで普通小学校全科の教員に対し，どのように特別支援教育についての理解を促すか。

□就学先の選定に当たって見学に来た保護者に対し，特別支援教育についてどう説明するか。

▼特別支援(小学部)

【質問内容】

〈面接票について〉

□なぜ特別支援学校を希望するのか。
□他校種とはどんな点が違うか。
〈単元指導計画について〉
□友だち同士で授業にどう関わっていくか。具体的に活動を上げて，どのようにするか述べなさい。
□低学年の学習との接続について説明しなさい。
〈その他〉
□一番身に付けさせたい力は何か。そのためにどのような指導をするか。
□主体的に学習に取り組む態度を身に付けさせるためにはどうするか。
□基礎・基本を身に付けさせるために，どのように指導するか。
□どのような児童を育てたいか。
→そのためにどのような指導をするか。
→努力したが，どうしてもできない児童がいる。どう対応するか。
□自分の力を高めるためにしていることあるか。
□4月の授業初めにどういう挨拶をするか。
→なぜそういう挨拶をするのか理由を述べなさい。

◆実技試験(2次試験)

※中・高共通，小・中共通，特別支援学校のうち，一部の教科及び小学校全科(英語コース)の受験者が対象となる(ただし，実技免除条件もあり)。面接を欠席した場合は実技を受験できない。
※各科目の試験について，実施要綱では以下のとおり示されている。

〈英語科〉
Oral Interview(口頭試験)
以下の2点を行う。
□200語程度の英文の聴解とその英文の内容等に関する質疑応答。

□200語程度の英文の音読とその英文の内容等に関する質疑応答。
※評価の観点は英文の聴解及び音読，英文の内容に関する質問への応答や意見表明等である。

〈音楽科〉
以下の3点全てを行う。
□ピアノ初見演奏。
□声楽初見視唱。
□ピアノ伴奏付き歌唱。
　以下の7曲のうちから当日指定された1曲をピアノで伴奏しながら歌う。なお，移調は可能とし，伴奏譜は指定しないので各自で用意する。
①「赤とんぼ」(三木露風作詞　山田耕筰作曲)
②「荒城の月」(土井晩翠作詞　滝廉太郎作曲)
③「早春賦」(吉丸一昌作詞　中田章作曲)
④「夏の思い出」(江間章子作詞　中田喜直作曲)
⑤「花」(武島羽衣作詞　滝廉太郎作曲)
⑥「花の街」(江間章子作詞　團伊玖磨作曲)
⑦「浜辺の歌」(林古溪作詞　成田為三作曲)
※主な評価の観点は，曲想にふさわしい表現の工夫及び基礎的な表現の技能等であった。

〈保健体育科〉
以下の6種目全てを行う。
□器械運動〔跳び箱〕(かかえ込み跳び，開脚伸身跳び，屈身跳び)
□陸上競技〔走り高跳び〕(はさみ跳び)
□水泳(水中から25mバタフライ，25m背泳ぎ)
□球技〔サッカー〕(ドリブルからのシュート)
□武道〔剣道〕(正面打ち，小手打ち，胴打ち，切り返し)
□ダンス〔創作ダンス〕(実技試験の受験者にあらかじめ指定する課題及び課題曲に合わせたダンス1分程度)

※主な評価の観点は，体育実技を指導する上で必要かつ十分な技能の理解の状況，学習指導要領及び解説に示されている技能の習得の状況等であった。

〈美術科〉

□色鉛筆による静物画

※主な評価の観点は，モチーフの配置，構図，正確な描写，色鉛筆の特徴を生かした技能等であった。

▼中高英語　面接官3人(外国人1人，日本人2人)　10～20分

【課題】

※流れは以下の通り。

○ネイティブの面接官と日常的な会話(会場まで何で来たか，電車は混んでいたか，何時に起きたか等)。

○ネイティブの読む英文をリスニング(読み上げは1度のみ)。英文に関する質問(2問)に答える(メモは取っても構わない)。

・トピックは京都で外国人が行った茶道の話であった。

・英検2級や大学入試センター試験のリスニングレベルで，読むスピードもゆっくりであった。

・感染防止のフェイスシールドを着用しているため，終始聞き取りにくい状態が続いた。

○英文の書かれた紙を渡され，3分間黙読。起立し音読。英文に関する質問(1問)に答え，紙を返却する。

○英文の内容に関して自分の意見を述べる。

・スピーキングテストは英検準1級の2次試験のようなレベルであった。

・200語程度の英文の音読や英検準1級の面接試験対策を行っていれば，十分に対策できると思われる。

・入室から退出まで，指示もすべて英語で行われる。

・日頃から英語のニュース番組を視聴したり，英語教育に関する考え

をまとめたりしておきたい。

▼中高音楽

【課題】

□弾き歌い

・「夏の思い出」1番を演奏した。

・生徒の前で見本を見せるつもりで演奏する。

□初見視奏

・1分30秒ほどの予見時間有。音出しOK

・速度や曲想に注意して演奏する。

□初見視唱

・30秒ほどの予見時間。音出し不可。最初の音だけピアノで音確認可。

▼中高保体

【課題】

□跳び箱

・男性7段，女性5段。抱え込み跳び→開脚伸身跳び→屈伸跳び。跳び箱は横→縦→横

□走り高跳び(はさみとび)

・男性110cm，女性100cmで，練習2回，試技1回。

□水泳

・スタートおよびターンは採点基準ではない。

□サッカー

・ジグザグドリブルからのシュート。1回練習あり。

□剣道

・礼儀作法と面，小手，胴，切り返しそれぞれ1回。試技前に1度練習あり。

□ダンス

・創作ダンスのテーマは「彼こそが海賊」。冒頭65秒，テーマを伝えて演技。1度練習あり。

▼中高保体

【課題】

□マット運動(1グループ　8人程度)

・倒立前転

・片足平均立ち

・ハンドスプリング　など

□ソフトボール(1グループ　10人程度)

・30mのキャッチボール(5分間で30分)。

・スリングショットとウインドミルで2球ずつ投球。男女，それぞれのルールに従っての距離で行う。

・素振り5スイング。

・2人1組で左と右に2球ずつボールを転がして捕球して送球する。

・約30m離れた先にあるサークルに向けてフライを3球打つ。

2020年度

◆集団面接(2次試験)　面接官3人　受験者4～5人　約40分

※あらかじめ集団討論のテーマ候補が示されており，その中から1つ出題される。

※受験票に記載されている集合時間より20分前まで会場に入れない。

〈テーマ候補〉

□思いやりに関すること。

□生活習慣の育成に関すること。

□勤労の意義に関すること。

□言語活動に関すること。

※試験中はお互いのことをアルファベットで呼ぶ。

※考慮時間2分間の後，自分の考えと具体的方策について述べる(90秒)。

※その後，受験者が区内の別々の学校から集まり研究会をしているという設定で，勤労の意義を子どもたちに学ばせるための研究発表をするための話し合いをする。学年・ねらい・方法を話し合い，その

後，問題点・解決策を話し合う(約20分)。
※メモ等のため，1人1枚白紙が渡される。終了後は回収される。

▼小学校全科
【テーマ】
□児童に思いやりの心や生命を尊重する心を育むためにはどうすればよいか。
※方策は1つか2つとする。
※話し合いは以下のような流れだった。
○自分がどのように捉えているかを挙手制で話す。
○研修の中でグループ発表する前提で話し合いを進める。
○学年を決め，どのような取り組みができるかを考え，それについての問題点とその理解度をまとめる。
※話し合い中に意見をまとめることができたため，追加の質問はなかった。
・集団討論はひとりではできないため，大学等の対策講座などを受講することも考えられる。

▼小学校全科
【テーマ】
□ここは初任者研修の場であると仮定し，良好な人間関係を築くためには何をするべきか話し合うこと。まず，学年とねらいを決めて，それに対する取り組みとその課題解決策を提案すること。
・沈黙が続いたら，自分から話を切り出すとよい。常に話の話題からずれないよう軸をもって進める。ずれた場合は軌道修正する。
・発言する際は他の受験者の顔をみながら大きな声で言うとよい。

▼小学校全科
【テーマ】
□他人を思いやる心や生命尊重の心を養うことに対するあなたの考え

と具体的な取り組みについて。
※時計と筆記用具は持ち込み可。
※学年，目的，ねらい，問題点と課題を話し合う。

▼中高国語
【テーマ】
□生徒に情報モラルを身に付けさせるためには，どうすればよいか。
※異なる学校の先生が集まる研修会に来ており，テーマへの対策をグループでまとめ，発表する。

▼中高理科
【テーマ】
□生活習慣を身に付けさせるための指導について。
※新人研修での話し合いを想定しながら，具体的な取り組み，考えられる問題点とその解決策を科目と校種に沿って話し合い，結論を出す。
・あらかじめ，自らの考えをまとめ，練習をしてから本番に臨むとよいと思った。

▼中高英語
【テーマ】
□生活習慣に関することについて。
・積極的に意見を表明することも大切だが，話が冗長にならないこと。
・他受験者の話もしっかり聞いたり，うなずいたりする等，協調性もかなり見られている。
・課題に対しては様々な視点があると，話がつまった時，グループに貢献できる。
・協力して“全員で受かるぞ”という姿勢が大切だと思う。

▼中高家庭

【テーマ】

□人間関係の形成に関すること。

・私の場合，全員家庭科志望だったので，家庭科の授業の観点から策を考えた。グループを作り，地域の老人ホームや幼稚園に行きレクリエーションをすることで，グループ・地域の人との人間関係を形成していく方針となった。

▼中高保体

【テーマ】

□思いやりの心，生命を尊重する心を育む方策を述べ，1つか2つの方策にまとめなさい。

▼養護教諭

【テーマ】

□人間関係の形成をよりよくするための方策，およびその課題と解決策について。

▼養護教諭

【内容】

□子どもがよりよい人間関係を形成するためには。

※自分の考えを述べ，具体的な取り組みについて話し合う。

▼特別支援(社会)

【テーマ】

□児童，生徒とのより良い人間関係能力を築くために，あなたが取り組むことは何か。

※別々の学校の教員であり，研修会でグループディスカッションという設定で意見をまとめる。

▼特別支援

【内容】

□人間関係を円滑にするために必要なことについて，その考えと具体策を答えなさい。

※研修会で発表することを前提に1～2の策を考え，問題点と改善策を考える。

▼特別支援

【テーマ】

□新学期で暮らす児童同士の親交を深めるために何をするか。

◆個人面接(2次試験)　面接官3人　30分

※受験者があらかじめ作成し面接当日に提出する「面接票」及び「単元指導計画」等を基にして，質疑応答を行う。なお，「単元」とは学習内容の一つのまとまりを指し，「単元指導計画」とは複数時間にわたって授業を組み立てる計画のことを指す。また，音楽，美術，家庭・技術の受験者は「ある題材に基づく一連の指導計画」を，自立活動，理療及び養護教諭受験者は「学習指導案」を作成・提出する。

※集団面接終了10分後から順に個別面接を行う。

※面接官は集団面接と同じ人物であった。

※前の人が個人面接が終わって，1分程度で入室する。

※主な評価の観点は教職への理解，教科等の指導力，対応力，将来性，心身の健康と人間的な魅力等である。

▼小学校全科

【質問内容】

〈面接票について〉

□教師を目指したきっかけは何か。

□大学卒業後教師にならないで，なぜ民間に就職したのか。

□今までの経歴を簡単に説明せよ(産育代が長く勤務した学校が面接票に書ききれなかった)。

□今，学校で困っていることは何か。どう対応しているか。

〈単元指導計画について〉

□この単元を選んだ理由は何か。

□この単元のねらいを育成するために一番大切な時間は何か。

□言語活動を推進するためにどう取り組むか。

□この単元を行うにあたり，どんな準備が必要か。

□子どもに基礎・基本を定着させるために成果をあげた取り組みはあるか。

□デジタル教科書やiPadなどのICTをどう活用するか。

□主体的・対話的な学習のためにこの単元では何をするか。

□子どもたちの話し合いがうまくいかなかったり，間違った方向に流れてしまったりする時にはどう支援するか。

□この単元で子どもがつまずくところはどこか。

〈場面指導について〉

□授業中教室を飛び出してしまう児童への対応を述べよ。

□保護者から他のクラスと取り組みが違うのではないかと言われたらどうするか。

□地域の人からクラブや運動会の音がうるさいと苦情の電話がきたらどうするか。

□地域の人から夜遅くまで公園で小学生が騒いでいるという苦情の電話がきたらどうするか。

(地域の苦情の電話は，勤務校では私を含めた教員もすべて管理職にまわすことが決まりになっていると答えた)

→管理職がいなかったらどうするか。

□朝登校してきた児童の顔にあざがあった。どうするか。

□チャイムがなって休み時間が終わっているのに校庭で遊んでいる児童への対応はどうするか。

▼小学校全科

【質問内容】

〈面接票について〉

□東京都の教員となって，あなたが担任としてしていきたいことは何か。

□仕事で学んだことをどう教育に生かしていくか。

□仕事で困ったことはあるか。

□どんな学級をつくっていきたいか。

□教育実習で学んだことについて，面接票に書いてある以外で何かあるか。

・仕事にからんだ教育につながる質問が多かった。

〈単元指導計画について〉

□年間におけるこの単元の位置づけ，行う月などに関する質問。

□実際に授業を行うなかで大変だったことは何か。

□ICTの工夫とあるが具体的にはどのようなことがあるか。

□どんなつまずきが考えられるか。また，その支援はどうするか。

〈場面指導について〉

□休み時間・クラスに戻ると子どもが1人でいる，どうするか。

→その子は友だちと関わることが苦手だが，どう支援するか。

□子どもが「いじめられている」と訴えてきた，どう対応するか。

→いじめた側の友達は「あそんでただけだよ」と言っている，どうするか。

→保護者に連絡するとき，どのように連絡するか。

▼小学校全科

【質問内容】

〈面接票について〉

□教員を志望した理由は何か。

□小学校・中学校の両方で教育実習を行っているが，なぜ小学校を選んだのか。

□実習で印象に残ったことは何か。

〈単元指導計画について〉

□なぜ，算数を選んだのか。

□児童がつまずきやすい点はどこか。

□習熟度別学習にしているが，この指導計画はどのクラスを想定しているか。

□考える力(思考力)をつけるためにどのような手立てをするか。

□実習中に思考力を身に付けさせるために学んだことはあるか。

〈場面指導について〉

□授業中に関係ないことをしている子どもがいたらどうするか。

→子どもに「関係ないだろ！」と言われたらどうするか。

□保護者からうちの子どもがケガしているのに，学校から連絡がないと怒りの電話があったとき，どう対応するか。

→なぜ担任が把握していないんだと言われたらどうするか。

・個人面接・集団討論はたくさん練習して場慣れしておくとよい。

・圧迫にしようとしている面接で，しかし圧迫になりきれておらず，試験官も笑っていた。雰囲気は悪くなかった。

▼小学校全科

【質問内容】

〈面接票について〉

□東京都をえらんだ理由は何か。

□大学で頑張ったことは何か。

□音楽経験はあるか。

□卒論はどういったものを書いたか。

□インクルーシブ教育をする上で大切なことは何か。

〈単元指導計画について〉

□図工との関連を述べよ。

□つまずきやすい所とその対策を述べよ。

□特活との関連・それぞれの進め方について述べよ。

□授業をする上で大切なことは何か。
〈場面指導について〉
□保護者からのクレーム(成績について)にどう対応するか。
□テストの紛失にどう対応するか。

▼小学校全科
【質問内容】
〈面接票について〉
□教員になろうと思った理由は何か。
□実習で学んだことや難しかったことは何か。
〈場面指導について〉
□子どもに好きな友達と自由に席に座りたいと言われたらどうするか。
□朝，登校した児童の顔にアザがあったらどうするか。
□保護者から自分の子がいじめられているという電話があったらどうするか。
□地域の方から下校中の子どもがうるさく，注意したら反抗的な態度をとられたと電話があったらどうするか。
※単元指導計画については，ピンポイントで○時間目についてくわしくと聞かれることがあり，しっかり流れを覚えておく必要がある。
・短く，わかりやすく答える。
・質問を細かくしてくれるので，答えられるよう覚えておく。

▼小学校全科
【質問内容】
〈面接票について〉
□学童で経験したことを学校のどの場面で，どう生かしていくか。
□小学校時代で印象に残っている出来事や先生の言葉について述べよ。
→自分の小学校時代と比較して，最近の小学生についてどう考えるか述べよ。

〈単元指導計画について〉

□なぜ算数，なぜこの単元を選んだのか。

□集中できない子にはどういった対応をするか。

〈単元指導計画について〉

□低学力の子どもに対してどのように評価するか

□評価で大切にしていることは何か。

〈場面指導について〉

□AとBがケンカしているがどういった対応をするか。

→AとBの言っていることが異なるが，どうするか。

□授業がわからないと言い，教室を飛び出してしまう児童がいたらどうするか。

・面接票の内容はちゃんと話せるようにしておくこと。志望動機は経験から語った。

・単元指導計画は前学年，次の学年とのつながりはおさえたほうがよい。

▼小学校全科

【質問内容】

〈面接票について〉

□学校ボランティアの内容を述べよ。

□今までの社会人経験で人間関係の軋轢はなかったか。また，どう乗り越えたか。

□いじめにあったことはあるか。

〈単元指導計画について〉

□なぜこの題材を選んだのか。

□単元観についての詳細を説明せよ。

□中学との連携はどうするか述べよ。

□安全指導はどうするか述べよ。

〈場面指導について〉

□教室から飛び出してしまった児童に対してどう対応するか。
→教室の中にいる児童への対応はどうするか。
→職員との連携はどうするか。
→飛び出した児童にはどのような声かけをするか。
→飛び出した児童が教室に戻ってきた時，他の児童には何と声かけするか。
□地域からクレームがきた場合どのように対処するか。

▼小学校全科
【質問内容】
〈面接票について〉
□部活動から得たことは何か。
□友だちと意見がわかれたときどうするか。
□友だちはあなたのことをどんな人だと捉えているか。
□あなたは自分自身に付いてどう思っているか。
□落ち込んだときはどうするか。
□友だちと遊ぶ予定の日に仕事が入ってしまったら，どちらを選ぶか。
□子どもたちに学習習慣をつけさせるためにどのようにするか。
〈単元指導計画について〉
□単元の位置づけについて説明せよ。
□研究授業はどこで行うか。
□授業を行う上で大切なことは何か。

▼小学校全科
【質問内容】
〈面接票について〉
□小1プログラムに対する具体的な取り組みについて。
□子どもと関わるときに大切にしていることは何か。
□保護者とどのように信頼関係を築くか。
□一番自分が教師として身に付けたい力は何か。

〈場面指導について〉
□箸の持ち方を直してほしいと言われたらどうするか。
□給食を残す児童がいたらどうするか。
□深夜徘徊している児童がいたらどう対処するか。

▼中高国語
【質問内容】
〈面接票について〉
□あなたが一番輝いていた，充実していた時はいつか。
→そこで得たもの，生徒に伝えたいことは何か。
〈場面指導について〉
□いじめを受けていると思われる生徒にどう対応するか。
→その親が「報復が怖いからいじめをした生徒には，何もしないでくれ」と言われた時，どう対応するか。

▼中高国語
【質問内容】
〈面接票について〉
□東京都を志望した理由を述べよ。
→豊かな施設とは，どこを指すのか。
→研修は色々あるが特に魅力的なのは何か。
□教員を志望した理由を述べよ。
→どういうふうに国語の面白さを伝えるか。
□学生時代頑張ったことは何か。
→指導にどう生かすか，具体的に述べよ。
〈単元指導計画について〉
□年間指導計画の中での役割について説明せよ。
→ついてこれない生徒に対してはどう対応するか。
→できる生徒に対してはどう対応するか。
□中1の終わりには，生徒にどのような力をつけさせたいか。

□高3の終わりには，生徒にどのような力をつけさせたいか。
□単元指導計画以外の単元で生徒に主体的な学びをさせるためにはどうすればよいか。
□国語以外で生徒に主体的な学びをさせるためにはどうすればよいか。
〈場面指導について〉
□授業中に学校のルールを守っていない生徒への対応をどうするか。
→(スマホを持参した生徒について)スマホは保護者から買い与えられるものだが，保護者とはどう連携するか。
□うちの子の成績に不満だ。2から3にあげてくれと言われた時の対応を述べよ。
□不登校気味の生徒にはどのような対応をするか。
□授業中，私語が目立つ生徒への対応を述べよ。
□うちの子をもっと厳しくしつけてくれ，たたいてもいいからと保護者に言われた時の対応を述べよ。
□うちの子は小学生の時はしっかりしていたが，中学に入って気の緩みからダラダラしている。どうにかしてくれと言われた時の対応を述べよ。

▼中高数学
【質問内容】
〈面接票について〉
□集団討論の感想を述べよ。
□あなたの得意分野の中で，学校教育で一番生かしたいことは何か。
〈場面指導について〉
□突然，ノートのとり方が汚くなった生徒にどのような指導をするか。

▼中高数学
【質問内容】
〈場面指導について〉

□制服がみだれている子への対応はどうするか。
□塾と学校の相違点は何か。
□塾の先生のほうが好きと言われたらどう対処するか。
□苦手な上司とどう付き合うか。
〈単元指導計画について〉
□数学の魅力とは何か述べよ。
□少人数授業の良い面を述べよ。

▼高校地歴
【質問内容】
〈面接票について〉
□なぜ教員を志望したのか。
□教育実習で学んだことは何か。
□ボランティア活動の経験で学んだことは何か。
□理想の教師とはどのような教師か。
□あなたの長所は何か。
〈場面指導について〉
□生徒から「授業がわからない」と言われたらどうするか。
□保護者から「子どもがいじめられている」という連絡を受けた時どうするか。
□低学年の児童に「どうして勉強するの」と聞かれたらどう返答するか。
・過去問と同様の質問があるので，過去問に目を通しておくことも大切だろう。

▼中高理科
【質問内容】
〈面接票について〉
□留学経験があるようだが，日本と海外で感じた違いについて述べよ。
□部活動の成果や，部長として気を配ったこと等を述べよ。

〈場面指導〉

□保護者からいじめについての相談があった場合，どう対応するか。

□授業中の指示に従わない子への指導はどうするか。

□注意したところ，怒りで手がつけられなくなった子どもへどう対応するか。

▼中高英語

【質問内容】

〈面接票について〉

□海外でインターンの経験があるが，それを教員としてどう生かせるか。

□自分の長所と，長所をどこで生かせるか。

・海外インターンについて，いろいろ質問された。

〈単元指導計画について〉

□ICTはいつ活用するか。

□苦手な生徒にどう対応するか。

□最も工夫した点は何か。

〈場面指導について〉

□校則を守らない生徒がいたらどうするか

→クラス全体にはどう指導するか

□休み時間にぽつんとしている生徒にどう対応するか

・1つの質問に対して追質問が2～3問あったため，具体的な場面をイメージしておくとよい。

・大学生には面接の経験がないので，対策本などを使うとよいだろう。大学の先生や友達に見てもらうのもよい。

・待機中は問題集を見たりすることは不可なので，「待たされる」覚悟をしておくとよいと思う。

▼中高音楽

【質問内容】

〈場面指導について〉

□塾のほうがいいと親から言われたらどう対処するか。

□先輩教員と意見が食い違ったらどうするか。

▼中高家庭

【質問内容】

〈面接票について〉

□家庭科の教員を志望する理由，きっかけ

□恩師との一番のエピソード

□大学では教員になった時，役立つことをしていたか。

□教育実習で学んだこと，苦労したことは何か。

□自分自身の強みと社会人になるまでに直しておきたいところを述べよ。

〈場面指導について〉

□授業中寝ている生徒がいたらどうするか。

□授業中会話している生徒がいたらどうするか。

→担任に報告するか，授業後どういうフォローをするか。

▼中高保体

【質問内容】

〈面接票について〉

□高校での部活動の戦績を述べよ。

□高校での部活動の経験をどのように生かしていくか。

□かつての部活動が週6回でなく，部活動ガイドライン通りの活動だったらどうなっていたと思うか。

〈単元指導計画について〉

□ICTの活用とは具体的にどのようなことを指すか。

〈場面指導について〉

□なかなか早く寝ないうちの子を指導してください，と保護者から電話があったらどのように対応するか。

▼中高保体

【質問内容】

□得意とする領域や分野の中で，最も学校教育で生かしたいものは何か。

□高校の部活動での成績を述べよ。

□高校での部活動の経験をどのように生かしていくか。

□部活動を受け持った時，週何回の活動にするか。

□特別支援学級の支援員で学んだことは何か。また，その経験を今後どのように生かしていくか。

□特別支援学級の支援員で苦労したことは何か。

〈単元指導計画について〉

□つまずきやすい点について，なぜそのように考えたか。

□学習カードはどのような工夫をするか。

□ICTの活用とは具体的にどのようなことを指すか。

□全時間の内容とポイントを1時間ずつ簡単に説明せよ。

□なかなか早く寝ないうちの子を指導してくださいと，保護者から電話があったらどう対応するか。

▼高校工業

〈面接票について〉

□資格試験で工夫したことは何か。

□教育実習で何を学んだか。

□東京都が生徒に身に付けさせたい力は何か知っているか。

→そのことを踏まえて教師として何を伝えたいか

〈単元指導計画について〉

□評価項目に「グループで協力して問題に取り組んでいるか」と書いているが，何をもって協力していると判断するか。

□グループそれぞれで評価は統一するか異なる評価にするか。

□放課後生徒に勉強を教えているとして，管理職から「働き方改革のためあまり遅くまでやらないように」といわれたらどうするか。

〈場面指導について〉

□自分のクラスでいじめがあったとして加害生徒とその保護者，被害生徒とその保護者にどう対応するか。

▼養護教諭

【質問内容】

〈面接票について〉

□卒論のテーマと内容，テーマを選択した理由について。

□部活動指導できるものはあるか。それは何年位行っていたか。

〈場面指導について〉

□学校で怪我をして，担任に伝え，救急処置もしたけど緊急性がないと判断し，家に帰した。しかし，家に帰ってから容態が急変して病院に行かせたとクレームがあった。どう対応するか。

▼養護教諭

【質問内容】

〈面接票について〉

□今の仕事でのやりがいは何か。

□もし合格したら4月までどのように過ごすか。

〈場面指導について〉

□うちの子は遅くまでスマホを見ていてなかなか寝ない。どうすればよいか，と親から相談があった場合，どう対応するか。

□うちの子は好きな教科やイベントは行くが嫌いな教科は休む。なまけてるのではないか，との相談があった場合，どう対応するか。

□アナフィラキシーショックと思われる児童への対応について。

▼養護教諭

【質問内容】

〈面接票について〉

□アルバイトの児童相談所について心に残るエピソードは何か。

□卒論について，1分でまとめて述べよ。
□どの校種志望か，その理由など含めて述べよ。
〈単元指導計画について〉
□危惧される子どもの反応は何か。
□この内容を授業以外で伝えるためにはどうすればよいか。
□ティームティーチングを行う意味は何か。
□ティームティーチングでなかったら一人で行うのか。
〈場面指導について〉
□「死にたい」といって保健室にきた子どもにどう対応するか。
□頭にボールが当たった子どもが保健室にきて，「大丈夫大丈夫」と言っている，どうするか。
□保護者から「他の学校に比べ感染症対策が不十分だ」と指摘されたらどうするか
※個人面接・場面指導・指導案について時間振り分けは明確ではない印象。受験者によって異なると思う。

▼特別支援(社会)
【質問内容】
〈面接票について〉
□他県で教員をされているが，再び東京で教員を志したのはなぜか。
□これまでの社会人経験を，生徒にどう伝えていきたいか。
□教員になるときに，不安な点はあるか。
〈単元指導計画について〉
□この単元のねらいはどのようなものか。
□評価基準と評価規準の2つがあるのは，分かるか。
□学習につまずく児童生徒に対して，どのような支援をしてきたか。具体例で述べよ。
□発表が苦手な生徒に対して，どのような配慮をするか。
□授業や指導方法についてアドバイスを受ける時，どのような態度で臨んでいるか。

〈場面指導について〉

□きまりを守らない生徒がいる場合，どのように指導するか。

□教員が体罰を行っている場面を目撃した場合，どう対応するか。

□保護者から「先生の勉強の指導方法に問題がある」と言われた場合，どう対応するか。

□保護者から「もっとうちの子に厳しく指導してほしい」と言われた場合，どう対応するか。

▼特別支援(音楽)

【質問内容】

〈面接票について〉

□なぜ，特別支援学校の教員を志望したか。

□きめ細かい指導とは，どのようなことか。

□一次試験が終わってから何をしたか。

□今までの経験で生かせることは何だと思うか。

〈単元指導計画について〉

□なぜこの題材にしたか。

□この後はどのような授業を行うか。

□いつ頃実施するか。

□工夫した点はどこか。

□この授業でつまずきやすい点は何か。またその対策としてどのようなことを考えたか。

〈場面指導について〉

□授業中勝手な行動をした生徒がいたらどうするか。

□騒音がうるさいと苦情がきたらどうするか。

□「いじめられているようだ」と保護者から訴えがきたらどうするか。

□今までの中でやりがいを感じたことは何か。

□普段の授業で心がけていることは何か。

▼特別支援

【質問内容】

〈面接票について〉

□ここまでどうやってきたか。

□先程の集団面接について，自己評価はどうか。

□これまでたくさんの校種を経験してきているが，教員生活にどのように生かすか。

→なぜ，一人一人に応じた指導が必要なのか。

□高校での経験(部活動)を教員生活にどのように生かすか。

□大学での経験(障害者ボランティア)を教員生活にどのように生かすか。

〈単元指導計画について〉

□どの時期に指導するか。

□なぜこの題材を選んだのか。

□なぜその教具を使うのか。

□単元のねらいをどのように評価するか。

□指導計画の中で，最も児童の姿を期待する時間はどこか。どんな姿を期待するか。

□主体的な態度を育成するために，どのように指導するか。

□学びの連続性を確保するために，どのように指導するか。

□この単元の後は何の学習をするのか。

〈場面指導について〉

□急に火災警報装置が作動し児童がパニックになった。どう対応するか。

□学校で転倒して児童が頭を強く打った。どう対応するか。

□一人通学の際，児童が近隣住民の敷地内に入った。どう対応するか。

□教員間で意見が対立した場合は，どう対応するか。

□児童が達成感を感じられるようにするために，どのようなことをするか。

□予定変更をどのように児童に伝えるか。

□「子どもの声がうるさい」と近隣の方に言われた。どのように対応するか。

→児童のことを知ってもらうために，どのようなことをするか。

◆実技試験(2次試験)

※中・高共通，小・中共通，特別支援学校のうち，一部の教科及び小学校全科(英語コース)の受験者が対象となる(ただし，実技免除条件もあり)。面接を欠席した場合は実技を受験できない。

※各科目の試験について，実施要綱では以下のとおり示されている。

〈英語科〉

以下の2点を行う。

□200語程度の英文の聴解とその英文の内容等に関する質疑応答

□200語程度の英文の音読とその英文の内容等に関する質疑応答

※評価の観点は英文の聴解及び音読，英文の内容に関する質問への応答や意見表明等である。

〈音楽科〉

以下の3点全てを行う。

□ピアノ初見演奏

□声楽初見視唱

□ピアノ伴奏付き歌唱

以下の7曲のうちから当日指定された1曲をピアノで伴奏しながら歌う。なお，移調は可能とし，伴奏譜は指定しないので各自で用意する。

①「赤とんぼ」(三木露風作詞　山田耕筰作曲)

②「荒城の月」(土井晩翠作詞　滝廉太郎作曲)

③「早春賦」(吉丸一昌作詞　中田章作曲)

④「夏の思い出」(江間章子作詞　中田喜直作曲)

⑤「花」(武島羽衣作詞　滝廉太郎作曲)

⑥「花の街」(江間章子作詞　團伊玖磨作曲)

⑦「浜辺の歌」(林古溪作詞　成田為三作曲)

※主な評価の観点は，曲想にふさわしい表現の工夫及び基礎的な表現の技能等であった。

〈保健体育科〉

以下の6種目全てを行う。

□器械運動〔マット運動〕(倒立前転，側方倒立回転跳び1/4ひねり，伸膝後転，前方倒立回転跳び)

□陸上競技〔ハードル走〕(40mハードル走)

□水泳(水中から25m背泳ぎ，25m平泳ぎ)

□球技〔バレーボール〕(アンダーハンドパス，オーバーハンドパス)

□武道〔柔道〕(後ろ受け身，前回り受け身，大腰，支え釣り込み足)

□ダンス〔現代的なリズムのダンス〕(実技試験の受験者にあらかじめ指定する課題及び課題曲に合わせたダンス60秒程度)

※主な評価の観点は，体育実技を指導する上で必要かつ十分な技能の理解の状況，学習指導要領及び解説に示されている技能の習得の状況等であった。

〈美術科〉

□色鉛筆による静物画

※主な評価の観点は，モチーフの配置，構図，正確な描写，色鉛筆の特徴を生かした技能等であった。

▼中高英語　面接官3人(外国人1人，日本人2人)　20分

【課題】

※流れは以下の通り。

○ネイティブの面接官と日常的な会話(会場まで何できたか，電車は混んでいたか，夏休みは何をしたか等)。

○ネイティブの読む英文をリスニング。2問その英文に関する質問に答える(メモは取っても構わない)。

○英文の書かれた紙を渡され，黙読。起立し音読。1問，英文に関する質問に答え，紙を返却する。

○英文の内容に関して自分の意見を述べる。

※英文はランドセルがテーマだった。

・英検準1級の面接試験程度のレベルの意見表明ができるよう練習するとよいと思う。

▼中高英語

【課題】

□ランドセルに関する英文を読み，質問に答える。

○重いランドセルを背負うことが子どもに与える影響は何か。

○ラン活とは何か。

○ランドセルの活用についてあなたはどう思うか。

・外国人の英文を読むスピードは非常にゆっくりであった。

・英検準1級の面接試験程度のレベルと思われる。

▼中高保体

※球技のバレーボールでは係員から出されたパスに対して，オーバーハンドパス，アンダーハンドパスの直上パスを3回行い，4回目で係員に返すことをそれぞれ2セット行う。

※ダンスは8m×8mの範囲で現代的なリズムのダンスを行う(60秒程度)。曲は「born to love you」だった。

2019年度

◆適性検査(1次試験)　15分

※選考区分が特例選考社会人経験者の受験者のみ実施する。

◆集団面接(2次試験)　面接官3人　受験者5人　40分

〈集団面接における「受験者間の話合い」について〉

集団面接では，はじめに，面接室ごとに面接委員が提示する課題(1

点)について，受験者が順番に各自の考えや，それを実現するための具体的な取組を発表する。

受験者全員の発表が終わった後，各自が提示した課題に関連することについて，「受験者間の話合い」を行う。

なお，面接委員が提示する課題は，次の①～④のうちのいずれか一つの事項に関連するものである。

① 基本的な生活習慣に関すること

② 他人を思いやる心や生命を尊重する心に関すること

③ 学びに向かう力に関すること

④ 基礎的・基本的な知識・技能の習得に関すること

〈試験の流れ〉

(1) テーマに対する各自の考えや，それを実現するための具体的な取組について，校種・教科を踏まえて，構想する(2分間)。

(2) 構想した内容を90秒で発表する(挙手制)。

(3) 受験者間の話合いを行う(23分間)。はじめに，発表された取組の中から良いと思うものを1つから2つ決定する。つぎに，それを実行する上での課題と解決策をまとめる。

※(3)において，受験者は次のような設定のもと，話合いを行う。

あなた方は，それぞれ別の学校に所属する初任者教員である。ただし，担当学年は同じとする。今回，初任者で集まってグループ討論をすることになり，この取り組みについて具体的に決めることになった。そこで，①担当学年を決め，②具体的な取り組みを1つか2つ決め，③そのねらいと想定される課題について話し合いなさい。なお，話合いの後に，全体に向けて発表することを想定する。

※司会の有無は問わない。

※メモをとっても構わない。

※評価の観点は教職への理解，教科等の指導力，対応力，将来性，心身の健康と人間的な魅力などである。

▼小学校教諭

【テーマ】
□子どもに学習意欲をつけさせるためにはどうしたらよいか。

▼小学校教諭
【テーマ】
□他人を思いやる心や生命を尊重する心に関すること
・道徳教育，動植物の育成，認め合い活動の話をした。
・反対意見などはないか，と面接官から指摘があった。

▼小学校教諭
【テーマ】
□規範意識と生活習慣について
・面接官からの質問はなされなかった。

▼小学校教諭
【テーマ】
□基礎的・基本的な知識・技能の習得に関すること
・他の受験者との協調性を見られていると思う。他者の考えにきちんと耳を傾け，うなずくこと。少しオーバーに肯定的な態度をしたら，面接官もほほえんでいて好感触だった。

▼小学校教諭
【テーマ】
□児童が興味・関心をもって学びに向かうための授業の工夫

▼小学校教諭
【テーマ】
□他人を思いやる心や生命を尊重する心の育成について
・意見を述べる際は，他の受験者の意見を尊重しながら，自分の言いたいことを付け加えること。

・メモをとっても構わないとの指示がなされるが，しっかりと顔を見て話を聞くことが大切だと思う。

▼中高国語

【テーマ】

□生徒の興味・関心を引き出しながら，生徒の学びへの意欲を伸ばすために，あなたはなにをするか。

・話が逸れてしまったため，途中で，同じ高校の1年生の担任同士という設定に変更するよう指摘された。

▼中高数学

【テーマ】

□生徒の興味・関心を活かして学習意欲を喚起させるために，どのようなことに取り組むか。

▼中高理科

【テーマ】

□基本的な生活習慣に関すること

・集団での話し合いの練習をよくやっておくとよい。

▼中高理科

【テーマ】

□他人を思いやる心や生命を尊重する心に関すること

▼中高英語

【テーマ】

□他人を思いやる心や生命を尊重する心に関すること

・初めに挙手で意見を述べる際，最初に発言した人の発表方法を他の受験者が受け継ぐような傾向があった。そのため，最初に発言を行うと，自分のスタイルで発表しやすいと感じた。

▼中高英語

【テーマ】

□生徒の興味・関心を活かして学習意欲を喚起させるために，どのようなことに取り組むか。

・各自，準備してきたことを言うだけになってしまい，話の流れをよくすることができなかった。

・同じ内容を何度も繰り返して発言していることがあった。

・司会がいた方が，話が進めやすくなると思った。

▼養護教諭

【テーマ】

□基本的な生活習慣に関すること

◆個人面接(2次試験)　面接官3人　30分

※受験者があらかじめ作成し面接当日に提出する「面接票」及び「単元指導計画」等を基にして，質疑応答を行う。ただし，音楽，美術，家庭及び技術の受験者は，「ある題材に基づく一連の指導計画」を，また自立活動，理療及び養護教諭の受験者は，「学習指導案」を，それぞれ「単元指導計画」に代えて作成し，面接当日に提出する。

※小学校受験者の場合，単元指導計画は，第6学年の国語・算数・理科から作成する。

※評価の観点は教職への理解，教科等の指導力，対応力，将来性，心身の健康と人間的な魅力などである。

※個人面接では場面指導に関する内容も含む。

▼小学校教諭

【質問内容】

〈面接票について〉

□東京都を志望した理由

□中学校での教員経験があるが，なぜ小学校を志望するのか。
□今までで一番成果をあげたことはなにか。
□校務分掌などについて，他の教員との連携をどのようにしているか。
□あなたの一番の強みはなにか。
□東京都の研修制度で知っていることはあるか。
□これまでの経験で大変だったことはなにか。また，そこから学んだことはなにか。
□教育現場で生かしたいと考えている，あなたの得意なことはなにか。
□学校と家庭との間で，それぞれどのように連携していくか。
□地域住民とどのように関わっていくか。
〈単元指導計画について〉
□なぜその教科を選んだか。
□工夫したところはなにか。
□どの時期に行うか。
□教育課程の位置づけやつながりについて
□前の学年や中学校とのつながりについて
□理科は，どのような準備が必要か。
□言語活動をどのように進めるか。
□この授業では，どのように「豊かな心」の育成を図るか。
※単元指導計画は，第6学年の国語・算数・理科から作成する。
〈場面指導について〉
□児童から「私はAさんにいじめられている。でも，それを言ったことがバレると，もっといじめられるから内緒にしてほしい。」と言われた。どうするか。
□いじめにはどのように対応していくか。
□保護者から「子どもが学校でけがをして帰ってきた。」と連絡があった。学校で誰も見ていないところで起こったトラブルらしい。どう対応するか。
□すぐ友達を叩く児童に対して，どう対応するか。
→発達障害の可能性も考慮した上で，どう対応するか。

□授業中に友達を叩こうとした児童を止めたら，「オレは悪くない。」と言って外へ飛び出して行ってしまった。どう対応するか。
□保護者から「子どもの成績に納得がいかない。」と苦情がきた。どう対応するか。
□児童が学校にシャーペンを持ってきた。どう対応するか。
□朝，子どもがアザをつくっていた場合，どう対応するか。
□保護者から「うちの子どもがいじめられている。」と連絡があった。どう対応するか。

▼小学校教諭
【質問内容】
〈面接票について〉
□東京都を志望した理由
□教師を志したきっかけはなにか。
□得意分野を小学校でどう活かしていくか。
□教育実習で学んだことはなにか。
□成果を上げた経験を活かして，どのような教育を行っていくか。
□卒論について
□学生時代に頑張ったことはなにか。
→それを教員としてどう活かすか。
□「チーム学校」という考え方がある。他の教員と連携するときに気をつけたいことはなにか。
□教員経験において，一番学んだことはなにか。
□教員経験において，一番苦労したことはなにか。
〈単元指導計画について〉
□中学校とのつながりについて
□指導観について
□支援を必要とする児童への対応について
□グループ活動における注意点とその改善点はなにか。
□つまずいた児童への対応について

□興味を持たせる工夫はなにか。
□この単元を選んだ理由はなにか。
□この単元で工夫したいところはなにか。
□どのような授業形態で行うか。
□「主体的・対話的で深い学び」は意識したか。
□児童が一番つまずきやすいところや，指導が難しいと思うところはどこか。
〈場面指導について〉
□朝，子どもがアザをつくっていた場合，どう対応するか。
□児童が取っ組み合いをしている場合，どう対応するか。
□アレルギーのアナフィラキシーショックが起こってしまったらどう対応するか。
→担任として，他の教員にどのような指示をするか。
→他の児童にはどう対応するか。また，その後の対応はどうするか。
□あなたの学校の児童が，公園で騒いでいてうるさいという苦情がきた。どう対応するか。
□地域住民から，登下校時の児童のマナーが悪いと苦情が入った。どう対応するか。
□あなたの授業がつまらない・わからないという児童に対して，どう対応するか。
□教室を飛び出した児童に対して，どう対応するか。
□保護者から「うちの子どもの鉛筆がなくなっている」という電話があった。どう対応するか。
□保護者から「あなたの授業がわかりにくい」と言われた場合，どうするか。
□保護者から「うちの子どもがいじめられている。」と連絡があった。どう対応するか。子どもに直接話しを聞くか，周りの子から聞くか。
※場面指導は，5年生の担任になったつもりで答える。
※面接官から「追質問で詳しく話すのではなく，一度にまとめて述べてください」と言われた。

・話を深めることができなかったことが大切だと思う。深くというよりは，広く問われた。

▼小学校教諭

【質問内容】

〈面接票について〉

□教員を志望した理由

→その恩師はどんな人か。

→その人のような教員になるために，あなたが取り組んでいることはなにか。

□指導が大変だった児童はいたか。

→今，その子は落ち着いてきているか。

→保護者とはどのように連携をとったか。

□あなたは，かつて民間企業に勤めていたが，そこからなぜ教員を目指したのか，経緯を述べなさい。

□あなたが指導を行ううえで大切にしていることはなにか。

□児童の基本的な知識・技能を育てるために普段からあなたが行っていることはなにか。

□高学年を担当することになった場合，中には，生意気な口を利く児童がいるかもしれない。その場合，どう指導するか。

〈単元指導計画について〉

□この単元の系統性について教えてください。

□5年生の学習とどのようにつなげていくか。

□中学校では，どのようにつなげていくか。

□この単元の，年間指導計画における位置づけはどこか。

□評価はどのように行うか。

〈場面指導について〉

□あなたが教室に入ると，中で子どもたちがけんかをしていた。どうするか。

→二人の言い分が食い違っている場合，どうするか。さらに，周りの子どもに聞いても事実確認が十分にできなかった場合，どうするか。

→十分に解決できていないまま児童が帰ってしまって，保護者から苦情がきた場合，どうするか。

□地域住民から「あなたの学校の子どもが登校する際，指導をしたら，暴言を吐かれた。」という苦情をうけた。どう対応するか。

→その子どもの中にあなたの担当の児童がいたらどうするか。

□朝，あなたのクラスの子どもが顔にアザをつくってきた場合，どう対応するか。

→事情を聞こうとしたところ，その子どもが「言いたくない」と言ったら，どうするか。

→保護者には連絡するか。

▼小学校教諭

【質問内容】

〈面接票について〉

□教員を志望した理由

□前職から教員に道を変えたきっかけはなにか。

□仕事で苦労したことはなにか。

□仕事で気をつけていることはなにか。

□仕事をしていて嬉しかったことはなにか。その場面を具体的に述べなさい。

〈単元指導計画について〉

□想定する学期はいつか，その理由をあわせて述べなさい。

□児童の興味・関心をどのようにして引きつけるか。

□あなたの授業がわかりづらいと保護者から指摘された場合，どうするか。

〈場面指導について〉

□授業中，奇声ををあげる子どもがいた場合，どう対応するか。

→実際にそのような場面を経験したことはあるか。

→その児童が感情的になってしまったとき，どうするか。

・指導計画についてもかなり細かく質問された。例えば，「新聞指導はしたことがあるか」，「時間配分がおかしくないか」などと問われた。

・社会人なので，現在の仕事についてかなり詳しく聞かれた。社会人の受験者は，「先生になったら…」という未来の話も大切だが，今の仕事についてもきちんと語れるようにしておくとよい。社会人経験を今後どのように活かしていくのか，述べられるようにするとよいと思う。

・集団面接では，私のグループの受験者全員がしっかりと発言していたが，合格者は5人中2人だった。そのため，個人面接が合否の決め手になったと思う。

▼小学校教諭

【質問内容】

□志望動機

□今まで頑張ったことはなにか。

□教育実習について

□日頃，教育について感じていることはなにか。

□特別支援教育はなぜ必要か。

□研修会や普段の生活のなかで，教師としての能力をどう高めるか。

〈単元指導計画について〉

□前学年とのかかわりについて

□最初の発問はなにか。

□児童がつまずきやすいところはどこだと想定するか。

　→それを解消する手立てはなにか。

□国語を嫌う児童が多いのはなぜか。

□評価は具体的にどうするか。

〈場面指導について〉

□授業中，私語ばかりしている児童がいる場合，どうするか。

□保護者から「うちの子どもがいじめられている。」と連絡があった。どう対応するか。

→昼休み中，保護者が「今から学校に行く」と連絡があった。どうするか。

□授業中，暴れたり，教室の外へ出て行ってしまう児童がいる。その児童は身体が大きく，止めるのが難しい。どう対応するか。

→学校内外の人と，普段からどのようにして連携を図っていくか。

※単元指導計画は，第6学年の国語・算数・理科から作成する。

・単元指導計画，特に国語は単元の題材名，教材研究を十分に行い，どこを聞かれても答えられるようにしておきたい。

・追質問が多く，答えるのに困ることもあったが，それでも堂々と笑顔で自分の意見を言えることが大切だと思う。

▼小学校教諭(英語コース)

【質問内容】

〈面接票について〉

□小学校の教員を志望した理由

□東京都を志望した理由

□英語コースを受験した理由

□卒論のテーマについて

□英語教育を推進していくために，どのような取り組みをしたいか。

〈単元指導計画について〉

□この単元で一番工夫したところはなにか。

□この単元で一番子どもがつまずきやすいところはどこか。

▼中高国語

【質問内容】

〈面接票について〉

□東京都を志望した理由

□教員を志望した理由

□ボランティアの内容について
□ボランティアで学んだことはなにか。
□ボランティア経験を教育にどう活かすか。
□ボランティアにおいて，他者と意見が対立した経験はあるか。
→対立をどう克服したか。
〈単元指導計画について〉
□なぜ古典を学ぶ必要があるのか。
□教材を選んだ理由
□グループワークはどこで取り入れるか。
□具体的にどのようなグループワークを想定しているか。
→場面緘黙の子がいたらどう対応するか。
→場面緘黙の子を批判する児童がいたらどう対応するか。
→個人にはどう対応するか。
→全体にはどう対応するか。
※面接官から，回答は一度にまとめて述べるよう言われた。
・追質がかなり多い。「ほかにはあるか？」「具体的には？」といった掘り下げ方をされた。
・結構圧迫感があった。古典についての質問は，答えのあとに「本当にそれだけか」と言われて，かなり揺さぶられた。

▼中高国語
【質問内容】
〈面接票について〉
□志望理由
□大学生活で頑張ったことはなにか。
→それを教育でどう活かすか。
〈単元指導計画について〉
□目的
□指導において注意したいことはなにか。
□国語の苦手な生徒に対して，どう対応するか。

□国語を教える意味とはなにか。

〈場面指導について〉

□進学よりも就職する生徒が多い高校で，授業中に生徒が「古文なんて使わないから意味がない！」と教室を出て行った。あなたはどう対応するか。

→その次になにをするか。

→さらに，その次になにをするか。

・場面指導について，「出て行った生徒を追いかける」と回答したところ，「他の生徒(教室)はそのままにするのか？」「男子生徒だが，(女性のあなたでも)対応できるか？押さえることはできるか？」など，問いかけがなされた。

▼中高国語

【質問内容】

〈面接票について〉

□東京都を志望した理由

□教員を志望した理由

□卒論のテーマについて

→それを教育にどう活かすか。

□部活動で辛かった経験はなにか。また，やりがいはなにか。

□教育実習で学んだことはなにか。

□授業をつくるには何が重要か。

□海外ボランティア活動について，その内容を教えてください。

→そこで，どんなことをやりがいに感じたか。

→それを教育にどう活かすか。

〈単元指導計画について〉

□実施時期

□この授業を実習で実際にやったか。

→生徒の反応はどうだったか。

□さらに改善するならどこを直すか。

□評価の仕方について，どこまでできていたらいいとするのか。
□確実に基礎知識を習得させるためにはどうするか。
□生徒の学習意欲を高めるにはどうするか。
〈場面指導について〉
□「あなたの授業がつまらない」と暴言を吐いて教室を出て行った生徒がいた場合，どう対応するか。
□怒った様子の地域住民から「下校中の生徒がうるさくて注意したが無視された」という電話がきた。どうするか。
→地域住民の怒りが収まらない場合，どうするか。
→事後指導はどうするか。

▼中高数学
【質問内容】
〈面接票について〉
□教員を志望した理由
□東京都を志望した理由
□教育実習で学んだことや気付いたことを，具体的なエピソードを交えて説明しなさい。
□大学院での研究を教員としてどのように活かすか。
〈単元指導計画について〉
□単元に選んだ理由
□数学が苦手な生徒への対応
□グループ学習で積極的になれない子に対して，どのような支援を行うか。
□生徒が一番つまずきやすいのは，何時間目か。
□なぜ，数学の教員になりたいのか。
□ICTがない学校では，どのような指導を行うか。
〈場面指導について〉
□授業中，生徒が暴言を吐いて，教室から飛び出して行ってしまった場合，どう対応するか。

□生徒から「先生の授業がつまらない」と言われた場合，どう対応するか。

□保護者から，「うちの子どもがいじめられているかもしれない」と連絡があった。どのように対応するか。

□生徒の顔にアザがあった場合，どう対応するか。

▼中高数学

【質問内容】

〈面接票について〉

□東京都を志望した理由

→(東京の研修が充実していると回答)どのような研修があるか知っているか。

□集団でなにかをした経験はあるか。

□集団の中で意見が対立したことはあるか。

→どのようにして対処したか。

□あなたの理想とする教師像はどのようなものか。

□生徒にとって「いい教師像」とは，どのようなものか。

□保護者にとって「いい教師像」とは，どのようなものか。

〈場面指導について〉

□放課後，保護者から「生徒がまだ帰宅していない」と連絡がきた。どう対応するか。

□保護者から，「うちの子どもがいじめられているかもしれない」と連絡があった。どのように対応するか。

・あまり深く質問されることはなかった。

・単元計画の作成は，一次試験合格発表後では遅いので，発表前から前年度の形式などを参考にあらかじめ考えておくこと。

・場面指導の課題は，ありきたりのものばかりであった。

▼中高理科

【質問内容】

〈面接票について〉

□教員を志望した理由

□東京都を志望した理由

□スーパーサイエンスハイスクールに指定された高校の出身とのことだが，どのような特色があったか。

□3つの学校で時間講師の経験があるが，これら3つの学校の違いはあったか。

□講師の経験は，今後どのようなところで役立てられると考えるか。

□部活動は，なにが指導できるか。

〈単元指導計画について〉

□この単元を選んだ理由

□この単元の年間指導計画の位置づけを説明しなさい。

□この単元指導計画は誰かに見てもらったか。

□1時間目のところで，「意欲的に探究しようとしている」と書いてあるが，これはどのように評価するのか。

□1時間目のところで，「グループで計算問題を解く」と書いてあるが，この詳細について説明しなさい。

□この単元において，生徒がつまずきやすいところはどこか。

□生徒がつまずきやすいところでは，どのように指導するか。

〈場面指導について〉

□あなたは中学2年生の担任であると想定する。年度初めに席替えをしようと考えていたが，ある生徒が「自由に席を決めたい」と言ってきた。あなたはどうするか。

→席替えをするときは，どのようなことに気をつけるか。

□保護者から「子どもの上履きがなくなった」と電話があった。あなたはどうするか。

→その後，上履きを探したところ，ゴミ箱の中から見つかった。あなたはどうするか。

・二次試験対策は1人では難しいので，試験直前に開催される二次試験面接対策講座を受けておいたほうがよい。

▼中高理科

【質問内容】

〈面接票について〉

□教員を志望した理由

□教員に必要な資質はなにか。

□あなたが理想としている先生はどのような人か。

□部活動で学んだことはなにか。また，苦労したことはなにか。

→その経験を，教育にどう活かすか。

〈単元指導計画について〉

□この単元をどの時期に行うか。

→その理由はなにか。

□中学とのつながりや，高校の他学年へのつながりはどうするか。

□ICT機器は具体的にどう利用するか。

□実験の安全確保はどうするか。

→もし事故が起きた場合の対処や，他の教員との連携はどうするか。

□「生物は暗記」と言われるが，どう思うか。

□結果と考察を混合して捉えている生徒がいる場合，どうするか。

〈場面指導について〉

□授業中におしゃべりが止まらない生徒への対応

→おしゃべりは収まったが，今度は「授業がつまらない」と言って教室を飛び出して行ってしまった。そのとき，どう対応するか。

□クラスでのケンカが起きた場合，どうするか。

□保護者から，「うちの子どもがいじめられているかもしれない」と連絡があった。どのように対応するか。

▼中高英語

【質問内容】

〈面接票について〉

□教員を志望した理由

□なぜ英語を学ぶ必要があるのか。

□恩師のことについて
□今までの経験を，教育にどう活かすか。
□学生時代に力を入れたことはなにか。
□留学ではなにをしたか，詳しく説明しなさい。
〈単元指導計画について〉
□外国人の生徒にどう対応するか。
□新・旧学習指導要領について
□単元を選んだ理由
□ALTについて
〈場面指導について〉
□授業中におしゃべりが止まらない生徒への対応
→注意したところ，その生徒は「授業がつまらないから・わからないから」と言って，おしゃべりを続けた。そのとき，どう対応するか。
□保護者から「子どもの成績に納得がいかない。」と苦情がきた。どう対応するか。
□遠足のグループ決めを行う際，ある生徒が「グループに嫌な友達がいる」と言ってきた。そのとき，どう対応するか。
→その生徒からいじめを受けていた場合，どうするか。
□あなたの指導する部活動について，保護者から「練習がハードで子どもが疲れている」と連絡があった。そのとき，どう対応するか。
→保護者と生徒との間で意見が違う場合，どうするか。
□あなたの担当する授業で，毎回忘れ物をしてくる生徒がいる。どう対応するか。
□保護者から「あなたの授業は指導が悪く，気に入らないので対応してほしい」と言われた場合，どうするか。

・芸術選考のため，なぜ東京で志望するかなどの質問は一切なかった。
・面接のときには，どう指導するかまで答えられるようにするとよいと思う。

▼中高英語

【質問内容】

〈面接票について〉

□東京都を志望した理由はなにか。また，そのきっかけはなにか。

□勤務先が都心ではなく島であった場合，どのように教育資源を活用するか。

□長所と短所

□学生時代に最も力を入れたことはなにか。
→それを教員としてどう活かすか。

□卒論の内容

□最近のニュースで印象的なものはなにか。

〈単元指導計画について〉

□この単元を選んだ理由

□生徒がつまずきそうなところはどこか。

〈場面指導について〉

□生徒から「先生の授業はつまらない」と言われた場合，どうするか。

□生徒がけがをした場合，どうするか。

□生徒がコンビニで騒いでいると苦情が入った。どうするか。

□学習が遅れがちな生徒に対して，どのような支援を行うか。

□あなたのクラスに，最近よく忘れ物をする生徒や，ノートを乱雑に扱う生徒がいる。どうするか。

□保護者から「子どもが最近寝るのが遅いから，先生から注意してほしい」と言われた。どうするか。

・志望理由に関して，深く掘り下げて質問された。

・面接票に書いた部活動やサークルの経験についてよく聞かれたので，そこで得たものはなにかを含めて考えておくとよい。

・指導計画を英語で書いているのは私しかいなかったので，英語で書くといいと思う。

▼中高保体

【質問内容】

〈面接票について〉

□東京都を志望した理由

□ダンスの授業の系統性はどのようなものか。

□教育実習において，失敗した体験はなにか。

〈場面指導について〉

□保護者から「子どもの成績に納得がいかない。」と苦情がきた。どう対応するか。

□地域住民から「あなたの学校の生徒がうるさい」と連絡があった。どう対応するか。

□いつも一人でいる生徒に対して，どう対応するか。

▼養護教諭

【質問内容】

〈面接票について〉

□東京都を志望した理由

□学生時代に力を入れたことはなにか。

□学習指導案の内容について

〈場面指導について〉

□アレルギー対応

□保護者からのクレーム

▼養護教諭

【質問内容】

〈面接票について〉

□東京都を志望した理由

□教員を志願した理由

□留学経験をどのように教育に活かすか。

□サークル活動で学んだことはなにか。

□サークル活動で一番嬉しかったことはなにか。
□サークル活動で意見がぶつかった時はどうしたか。
〈学習指導案について〉
□なにを一番伝えたいか。
□この授業を受けたあと，子どもたちにはどうなってほしいか。
□グループ学習をする際の工夫
〈場面指導について〉
□保健室に入り浸る児童がいる。どう対応するか。
□てんかんの子が具合がわるいと保健室に来た。どう対応するか。
・終始，和やかな雰囲気だった。

◆実技試験(2次試験)
▼小学校教諭(英語コース)，中高英語，特支英語
※面接官3人(外国人1人，日本人2人)　受験者1人　20分
【課題1】
□日常会話
簡単な挨拶と自己紹介
〈質問内容〉
□(当日は大雨だったので)ここまで来るのに大変ではなかったか。
□ここまで迷わないで来られたか。
□ここまでなにで来たか。
□自己紹介をしなさい。
□時間があるときにしていることはなにか。
□今の気分はどうか。
□(小学校教諭受験者)なぜ英語コースを受験したか。
【課題2】
□200語程度の英文の聴解とその英文の内容等に関する質疑応答
・翻訳機器に関する新しい情報テクノロジーの開発に関する英文
〈質問内容〉

□このような翻訳機器が開発されたら，あなたは英語の勉強をやめるか。

□このような機械が世間に広まったら，外国語の勉強をする人は減ると思うか。

→そう思う理由はなにか。

・カーシェアリングに関する英文

〈質問内容〉

□なぜ若者は車を持ちたがらないのか。

□なぜ車を借りるときにお店に行かなくてもいいのか。

※まず，試験官が読み上げる。その後になされる2つの質問に解答する。

※メモをとっても構わない。

【課題3】

□200語程度の英文の音読とその英文の内容等に関する質疑応答

・カーシェアリングに関する英文

〈質問内容〉

□カーシェアリングをより人気にするにはどうすればよいか。自分の考えを述べなさい。

〈試験の流れ〉

(1)　パッセージ(英文)の書かれた紙を渡され，それを3分間黙読する。

(2)　立って音読する。

(3)　着席し，英文に関する質問(1問)に答える。

(4)　紙を伏せて，パッセージに関する自分の考えを英語で述べる。

※課題2，課題3における英文は同じものを使用する。

※主な評価の観点は，英文の聴解及び音読，英文の内容に関する質問への応答や意見表明等である。

・自分の意見を英語で述べられるようにすること。

・私は，英検準1級の二次対策のテキストに取り組んだり，準1級リスニングに取り組むことで対策した。音読の練習もした。日常会話に関しては，普段からできるだけ英語で会話をする機会を持つことだと思う。問われていることはそれほど難しいことではなかった。

・ネイティブの先生の発音は比較的ゆっくりだった。

▼小中音楽，中高音楽，特支音楽

【課題1】

□ピアノ初見演奏

ピアノ初見演奏A

ピアノ初見演奏C

【課題2】

□声楽初見視唱

声楽初見視唱B

【課題3】

□ピアノ伴奏付き歌唱

以下の7曲のうちから当日指定された1曲をピアノで伴奏しながら歌う。

①「赤とんぼ」(三木露風作詞　山田耕筰作曲)
②「荒城の月」(土井晩翠作詞　滝廉太郎作曲)
③「早春賦」(吉丸一昌作詞　中田章作曲)
④「夏の思い出」(江間章子作詞　中田喜直作曲)
⑤「花」(武島羽衣作詞　滝廉太郎作曲)
⑥「花の街」(江間章子作詞　團伊玖磨作曲)
⑦「浜辺の歌」(林古溪作詞　成田為三作曲)

※移調は可能とし，伴奏譜は指定しないので各自で用意する。
※主な評価の観点は，曲想にふさわしい表現の工夫及び基礎的な表現の技能等である。

▼中高保体，特支保体

【課題1】

□器械運動〔跳び箱〕

かかえ込み跳び，開脚伸身跳び，屈身跳び

【課題2】

□陸上競技〔走り高跳び〕

はさみ跳び

【課題3】

□水泳

水中から25mバタフライ，25m背泳ぎ

【課題4】

□球技〔バスケットボール〕

ドリブルからのシュート(左，右)，バックボードに当てたボールをキャッチしてからのシュート(左，右)

【課題5】

□武道〔剣道〕
正面打ち，小手打ち，胴打ち，切り返し
※練習時間あり。試験官による模範あり。
【課題6】
□ダンス〔創作ダンス〕
実技試験の受験者にあらかじめ指定する課題及び課題曲に合わせたダンス60秒程度
※主な評価の観点は，体育実技を指導する上で必要かつ十分な技能の理解の状況，学習指導要領及び解説に示されている技能の習得の状況等としている。

▼小中美術(図画工作)，中高美術，特支美術
【課題】
□色鉛筆による静物画(試験時間150分)
モチーフ：手ぬぐい，ガラス瓶，紙ふうせん，お玉，画用紙(青色)
※主な評価の観点はモチーフの配置，構図，正確な描写，色鉛筆の特徴を生かした描写等である。

2018年度

◆適性検査(1次試験)　15分
【検査内容】
□設問の回答をマークシートに記入

◆集団面接(2次試験)　面接官3人　受験者5人　40分
〈集団面接における「受験者間の話合い」について〉
集団面接では，はじめに，面接室ごとに面接委員が提示する課題(1点)について，受験者が順番に各自の考えや，それを実現するための具

体的な取組を発表する。

受験者全員の発表が終わった後，面接委員が受験者の考えの発表の際に提示した課題に関連することについて，「受験者間の話合い」を行う。

なお，面接委員が提示する課題は，次の①～④のうちのいずれか一つの事項に関連するものである。

① 基本的な生活習慣に関すること
② 他人を思いやる心や生命を尊重する心に関すること
③ 積極的に社会参画できる力に関すること
④ 良好な人間関係を築く力に関すること

※最初に，課題に対する各自の考えや，それを実現するための具体的な取組について思考し(2分間)，それを90秒で発表する(挙手制)。次に，受験者間の話合いによって，発表された取組の中から良いと思うものを一つ決定したうえで，それを実行する上での課題と解決策を，同じ学年の担任としてまとめる(23分間)。
※評価の観点は教職への理解，教科等の指導力，対応力，将来性，心身の健康と人間的な魅力などである。
※司会の有無は問わない。

▼小学校教諭
・他の受験者の意見を踏まえながら，より良い意見を出すことを意識した方がよい。また，実体験をふまえた取組の意見を言うとよい。
・出しゃばりすぎず，他の受験者の話をよく聞いたり，発言の少ない受験者に話を振ったりするなど，協調性を大切にしたい。
・取組の実行における課題と解決策を一つにまとめるよう指示されるが，まとまりきらなくても大丈夫。まとめようとするあまり，むやみに話し合いを推し進めようとする方が危険である。
・グループの中でリードしてくれる人についていって発言すると，うまく話し合いに参加できる。

・協調性がなによりも大切だと思う。その時だけは他の受験者をライバルではなく，同じ学校，同じ学年の教師同士として捉え，アイデアを「積み上げていく」ことが求められる。
・一人きりでの対策は難しい。大学の教採受験者同士で討論の練習を重ね，コツを摑んでいくことが大切である。ともに練習を積んできた仲間は，今回の試験で全員合格することができた。
・早めに会場に入り，集合時間になる前に集団討論を行うメンバーとあいさつや，集団討論の流れについて少し話しておくことで，気持ちに余裕が持てた。

▼中高数学
・話が止まったら，これまでの話をまとめ，問題点や方針を述べられるとよい。そこから話が広げられる。

▼中高社会
・私たちは課題④について話合いを行ったが，その具体的な取組として，地域学習をして地域との交流をつくると同時に，それらをグループ活動でまとめることで人間関係をつくる，ということとなった。その課題として，グループ活動で少数グループができてしまうことを設定し，その解決策として，なるべく大きな枠組でグループ編成をすることを決定した。
・課題について，どの学年，どの時期，どの教科で授業を行うかを決めておくとよい。
・今年からテーマが4つになったのでしっかりとした準備ができる。
・講師経験者であれば皆似たようなことを言うので，そこで違った視点から発言すれば秀でることができる。学校だけでなく，地域や家庭との連携は大切な視点である。
・積極的に話し合いに参加することももちろん大切だが，人の話をしっかりと聞くことも重要だと思った。本番は緊張する人も多いので，話から逸れてしまうこともあったが，全体としてどのように話し合うべきなのかを考えながら適当な時にみんなの考えていることが同じなのか，共通認識を持つためにまとめてふり返りをすることも大切だと思う。ちゃんと道を踏みはずしていないか確認できて安心できるだろう。

▼中高英語

・①教科(授業)，②特別の教科　道徳，③特別活動，④総合，の4つの視点から考えておくといろいろ対応できると思う。
・司会役の意見に賛同する流れがあったので，司会役をやっても損はないと思う。
・私たちは課題③について話合いを行ったが，その具体的な取組として，職業体験の充実(事前・事後学習含め)とした。その課題として，職業の種類や内容を知らない生徒がやる気を持てないことを設定し，その解決策として，事前指導で職業調べを行うこと，それでも難しい場合は教員が声かけを行い，生徒の適性に合った仕事をすすめることを決定した。
・話す回数よりも沈黙のときにフォローしたり，自分の意見をはっきり述べられればよいと思う。
・練習をできるだけたくさん行うこと。積極的かつ簡潔に自分の意見を述べる練習や，90秒で的確に考えを述べる練習も必須だ。特に時間がオーバーしてしまうとその時点で聞いてもらえないので，事前に与えられたテーマに関する意見を指定された時間で言う練習をするとよいだろう。
・課題に対する取組などについては，普段から『教職課程』などを読み込み，まとめておくとよいと思う。

▼中高音楽

・私は経験枠から受験していて，その中にはベテランの先生もいたが，東京都の方針や答申を知らないで意見しているような感じで，自分の経験に基づいた意見を述べていた。そのようにはならずに，東京都が求めていることを述べられるとよいと思う。

・自分の意見を言う積極性は大切だが，人の意見を聞いてそれについて考える視点も必要である。また，聞く姿勢(うなずく，目を見る，笑顔)も大切である。メモをとるのに必死にならないこと。

▼中高保体

・集団での討論では，初対面の人と活発な話合いができることが大切なので，顔を合わせた時点で，挨拶や「頑張りましょう」などと声かけをしておくとよい。

▼養護教諭

・話合い中，笑顔やアイコンタクト，新しい意見を述べる際には他の受験者の意見にふれることによって，話し合いをスムーズに行うことができた。誰も主張しすぎることなく，またよい意見に対しては「すごくよい意見だと思います」「ぜひ取り入れましょう」など，受験者が「ここにいる全員でよい討論をしよう」という思いがあったからこそ，円滑に進行できたのだと思う。その結果，グループ全体がよい雰囲気に包まれ，面接官の笑顔も見られた。

▼中高特支

・集団での討論では，よく話すのはよくないと言われるが，周囲との兼ね合いで多く話してしまうのは問題ないと合否をみて思った。

・自分の意見を押し通すことよりも，5人で1つの担任団であることを忘れずに，他の受験者の意見をしっかり聞き入れ，リアクションすることが大切だと感じた。「よい意見をもっているか」よりも「他者とどのように関わるのか」を見られている気がした。

◆個人面接(2次試験)　面接官3人　30分

※受験者があらかじめ作成し面接当日に提出する「面接票」及び「単

元指導計画」等を基にして，質疑応答を行う。ただし，音楽，美術，家庭及び技術の受験者は「ある題材に基づく一連の指導計画」を，また自立活動及び養護教諭の受験者は「学習指導案」を，それぞれ「単元指導計画」に代えて作成し，面接当日に提出する。

※評価の観点は教職への理解，教科等の指導力，対応力，将来性，心身の健康と人間的な魅力などである。

※個人面接では場面指導に関する内容も含む。

▼小学校教諭

【質問内容】

〈面接票について〉

□なぜ東京都教員採用試験を受験したか。

□東京都の教員として，あなたはなにができるか。

□今，憧れの先生になるために努力していることはあるか。

□子どもたちになにを伝えていきたいか。なにを教えていきたいか。

□サークルではどのようなことをしてきたか。

→後輩指導について，反発してくる後輩はいなかったか。また，そのときはどのように対処したか。

→それが子どもだったらどうするか。

□大学生活で学んだことはなにか。

□大学生活で最も力を入れたこと

→その活動の一番の成果はなにか。

□組織での人との交流において困難だったことはなにか。また，それをどう乗り越えたか。

□他者と意見が対立したとき，どのように解決するか。

□教育実習で苦労したことはなにか。

□人権教育はどのように進めるのか。

□東京都は人権教育を進めているが，なにか知っていることはあるか。

□外国語活動等必修における学校(教員)全体の課題はなにか。また，それに対してどう取り組むか。

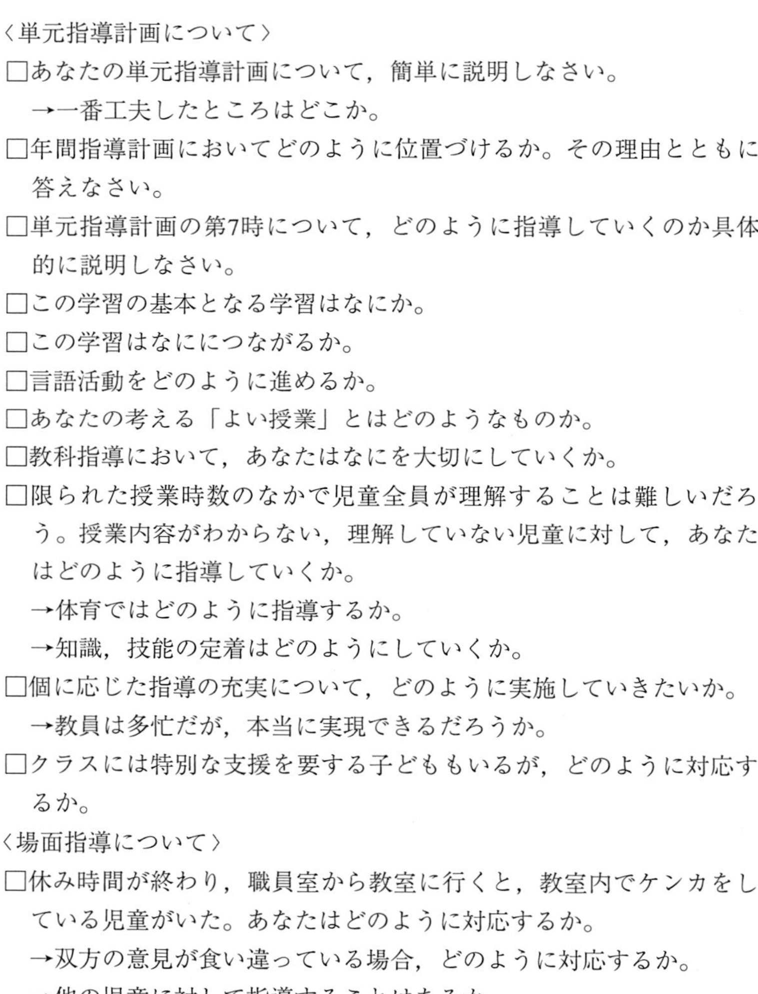

〈単元指導計画について〉

□あなたの単元指導計画について，簡単に説明しなさい。

→一番工夫したところはどこか。

□年間指導計画においてどのように位置づけるか。その理由とともに答えなさい。

□単元指導計画の第7時について，どのように指導していくのか具体的に説明しなさい。

□この学習の基本となる学習はなにか。

□この学習はなににつながるか。

□言語活動をどのように進めるか。

□あなたの考える「よい授業」とはどのようなものか。

□教科指導において，あなたはなにを大切にしていくか。

□限られた授業時数のなかで児童全員が理解することは難しいだろう。授業内容がわからない，理解していない児童に対して，あなたはどのように指導していくか。

→体育ではどのように指導するか。

→知識，技能の定着はどのようにしていくか。

□個に応じた指導の充実について，どのように実施していきたいか。

→教員は多忙だが，本当に実現できるだろうか。

□クラスには特別な支援を要する子どももいるが，どのように対応するか。

〈場面指導について〉

□休み時間が終わり，職員室から教室に行くと，教室内でケンカをしている児童がいた。あなたはどのように対応するか。

→双方の意見が食い違っている場合，どのように対応するか。

→他の児童に対して指導することはあるか。

→指導が次の授業時間にまで影響してしまう場合，すべての時間を使うか。

□授業中，奇声を発して授業を妨害する児童に対して，どのように対応するか。

□時間を守らない児童に対して，どのような指導をするか。
→保護者にはどのように説明するか。

□保護者から，「うちの子どもが怪我したのに学校からの報告がなかった」とクレームがあった。あなたはどのように対応するか。

□保護者会において，「あなたの指導は甘すぎるから，厳しくしてくれ」との指摘があった。児童からも同様の意見が出ている。あなたはどのように対応するか。
→保護者から「体罰しても構わないから厳しい指導をしてほしい」と言われたらどうするか。

□鉄棒ができず，体育の時間に体操着にも着替えようとしない児童がいる。あなたは学級担任としてどのように指導するか。
→あなた一人で解決していくか。
→その児童一人につきっきりになってしまうがいいのか。

□反抗的な態度で，先生の授業を聞こうとしない児童がいる。あなたはどのように指導するか。
→その児童はクラスのリーダー的な存在で，他の児童にも影響を与えている。その児童と仲の良い児童も反抗的な態度になってきた場合，あなたはどのように指導するか。

□5年生のある男子児童が，授業始めに「先生の授業は簡単すぎてつまらない」と言って教室を出ていってしまった。このとき，あなたはどのように対応するか。
→学校内を探してもその児童が見つからない場合，どうするか。
→あなたがその児童を探している間，教室の児童たちはどうするか。
→その行動に関して，どのような原因が考えられるか。
→教育実習中に実際にこのような場面を見たことはあるか。
→現場の先生方はどのような工夫をしていたか。

□5年生のある女子児童が，「先生はいつも『いろんな人と仲良くなってほしいから』と言って，席替えをくじ引きでやるけど，もうみんなと仲良くなったから，自由に席を決めたい」と言ってきた。このとき，あなたはどのように対応するか。

→(自由な席決めを認める場合)実際にそのような方法を採用して席替えを行ったが，グループから溢れて泣き出した児童が出てきた。どのように対応するか。

→結局，自由に席決めをする席替え方法はうまくいかず，授業中でも教室は騒然としている。どのように対応するか。

□ある日の朝，ある児童の連絡帳に保護者から「うちの子どもが児童Aにいじめられている。あなたはどうしてそれに気付かなかったのか。そんなクラスには安心して子どもを預けられないから今日は休ませる」と書かれていた。あなたはどのように対応するか。

→(電話をする場合)いつ電話するか。

→保護者が仕事で外に出ていて家の電話に誰も出ない場合，他にどのような対応をするか。

□学級内でお金がなくなったと言って騒いでいる児童がいた場合，どのように指導するか。

→保護者にはどのように伝えるか。

□遠足に行かない児童への対応

□筆箱をなくしてしまった児童の対応

□顔にあざのある児童が登校してきた。誰にどのような対応をするか。

□あなたは5年生を担任しているが，そこの女子児童の体操服がなくなった。どのように対応するか。

□授業中に話し続ける児童，歩き続ける児童，机の上に乗る児童のうち，誰を一番に直せるか。

□授業中，私語をやめない児童がいる場合，どのように指導するか。

□ある児童の保護者から，「子どもが，去年までは勉強がよく分かっていたのに，あなたが担任になってからついていけなくなった」とクレームがきた場合，どのように対応するか。

□ある児童の保護者から，通知表に関して不服の申し立てを受けた場合，どのように対応するか。

□あなたが職員室にいる時，地域の人から「登下校時に児童がうるさい」との電話があった。どのように対応するか。

□休み時間に上履きがなくなったと言ってきた児童への対応

・「面接票」と「単元指導計画」を基に面接が行われるので，ある程度の質問を事前に予測して対策を練ることができる。もちろん予想外の質問もあるが，参考書や過去問に載っている質問について，一通り自分の答えを考えていくことは欠かさずやった方がよいと思う。質問への回答をノートなどにまとめて，友人や実習校の校長先生を相手に面接をしてもらい，何度もアウトプットしていくことが大切である。何度も練習する中で，自分なりのリズムがつかめていくと思う。

・大切なのは，知っている知識を見せることではなく，どうしても教員になりたいという情熱を感じさせることである。面接官は，4月からこの人に担任を任せることができるか，その覚悟や意欲はあるかを見ている，と私は教わった。

・面接対策期間は，自分を見つめ直す期間だった。なぜ教員を目指すのか，自分自身に問いかけ，またあらゆる先生方から問われ，自分の中から色々なものが引き出されていった。「どうしたら合格できるか」というよりも，もっと先を見据えて「どんな教師になりたいのか」ということを考えながら，対策・本番に挑んでいくとよいと思う。

・教師を志望するきっかけとなった教育実習のエピソード，サークルの話などは，まじめになりすぎず笑顔で楽しく話した方がよいと思う。

・一度にたくさん話そうとせず，短くハキハキと答えるとよい。そうすることで，面接官は掘り下げて追加質問をしてくるので，キャッチボールをするように返答を重ねていけばよい。

・「単元指導計画」について，1時分だけでもいいので，授業の進め方のイメージを持って臨んだ方がよいと思う。

・場面指導では，子どもへの対応，保護者への対応，組織(主任や管理職等)への報告・連絡・相談など，一つの事態についてあらゆる方向から対応を考えること，そうした視点の広さを自分は持っているということをアピールすることが大切である。

・場面指導では，子どもを大切にしているか，子どもたちの目線で考えているかどうかがとても重要だと思う。

・場面指導では，考える時間を多くとったところで答えはあまり変わらないと思うので，いかにすばやく答えるかだと思う。私はほとんど，管理職にすぐ相談すると答えた。

▼中高国語

【質問内容】

〈面接票について〉

□クラスの生徒とどのようにコミュニケーションをとっていくか。

〈単元指導計画について〉

□なぜこの教材にしたのか。

□生徒の学習意欲を高めるにはどうするか。

□読書活動はどのようにして推進するか。

〈場面指導について〉

□あなたの担任しているクラスのある保護者から，「ベテランの先生に代えてください」と言われた場合，どのように対応するか。

□近隣住民から，「公園で生徒が騒いでうるさい」と言われた場合，どのように対応するか。

□休み時間中，教室で1人ポツンといる子がいた場合，どのように対応するか。

〈場面指導について〉

□私語が多い生徒への対応

□ある生徒の保護者から，「子どもの現金が盗まれた」と電話で言われた場合，どのように対応するか。

□あなたの授業がつまらないと言って教室を飛び出した生徒がいる場合，どのように対応するか。

□ある生徒の保護者から，「子どもが寝るのが遅いから，注意して」と言われた場合，どのように対応するか。

□遠足で仲の良い子がグループにいないから行きたくないと言われた場合，どのように対応するか。

□地域住民から部活動がうるさいとクレームがきた場合，どのように対応するか。

□もし生徒に「先生の授業分かりにくい」と言われた場合，どのように対応するか。

→(授業を改善した場合)それでも分かりにくいと言われた場合，どうするか。

→保護者から電話で同じことを言われた場合，どうするか。

▼中高数学

【質問内容】

〈面接票について〉

□なぜ東京都を志望したか。

□なぜ教員を志望したか。

□これまでの経歴で生かせると思うことについて述べなさい。

□恩師はどのような人だったか。

□ICTはどのように使うか。

→ICTを使うのなら黒板で授業は行わないのか。

→黒板を使うメリットはなにか。

□授業改善はどのようにして行うのか。

〈単元指導計画について〉

□なぜこの単元を選んだのか。

□年間指導計画においてどのように位置づけるか。その理由とともに答えなさい。

□この単元でつまずきやすい部分はどこだと思うか。

□この単元を履修しなくてもよい(受験に必要のない)生徒に対して，どのように指導するか。

□生徒の興味を引く工夫はあるか。

□一番力を入れたいところはどこか。

□グループ学習はどのように行うのか。
□この単元において，ICTをどのように使うか。
□単元の前後のつながりを説明しなさい。
□「数学が解けることになんの意味があるのか」という生徒の質問に対して，どう答えるか。
□数学が苦手な生徒に対して，どのような対応をするか。
□数学が得意な生徒が「簡単すぎる」という不満に対して，どのように対応するか。
〈場面指導について〉
□生徒からいじめの訴えがあったとき，どのように対応するか。
→いじめている生徒に対しては，どのように対応するか。
→第三者の生徒がいじめのことを知っていた。どのように対応するか。
→いじめられている生徒の保護者に対して，どのように対応するか。
→いじめている生徒の保護者に対して，どのように対応するか。
→いじめが発覚した場合，あなた個人で対応するか。
□けんかをしている生徒への対応。
□保護者から子どもの「夜更し」が習慣になっているという相談への対応。
□ある生徒の保護者から「子どもの財布が盗まれた」と電話があった場合，どのように対応するか。
□「先生の授業が分かりにくい」と生徒に言われた場合，どのように対応するか。
□いじめを防止するためにどのような取組を行うか。
□授業中に騒ぐ生徒に対して，どのように対応するか。
□他のクラスと評価方法が違うと保護者から苦情がきた場合，どのように対応するか。
・面接官は，返答に対して時々フォローしてくれた。あまり困るような質問はなく，対応方法が大きく外れていなければ大丈夫だと思う。
・受験生が，面接官の想定していない回答をすると，正しい答えに導くような追加質問がされ，正しい答えを言うと笑顔になる。いずれも組織人としての責任感や誠意を見せれば，満点の解答に至らなくても高評価だろう。

▼中高社会

【質問内容】

〈面接票について〉

□恩師から学んだことはなにか。具体的なエピソードとともに答えなさい。
　→その経験を現場でどのように生かすか。

□あなたが部活動をしていたとき，どのようなことが大変だったか。
　→その経験を現場でどのように生かすか。

□あなたの指導したい部活動でない，他の部活動を担当することになった場合，どうするか。

□教員はますます多忙になっているが，それについてどう考えるか。

□「アクティブ・ラーニング」についてどう考えているか。

□生徒の可能性を伸ばすために東京都が行っている施策は知っているか。

〈単元指導計画について〉

□なぜこの単元を選んだのか。

□この授業で最も育てたい力はなにか。
　→その核となるのは第何時であるか。

□この授業の目標で最も難しいことはなにか。また，目標をどのように達成させるか。

□この授業では，課題や提出物など以外に生徒を評価するポイントはあるか。

□「知識・理解」と「思考・判断・表現」は，どの授業で，どのように身に付けさせるか。

□この単元を高校でやるときの違いはなにか。

□単元でつまずきやすいところはどこか。

□不得意な生徒がいた場合，どのように対応するか。
□単元で大切にしていることはなにか。
□「主権者意識」をどのように高めていくか。
□ICTをどのように活用していきたいか。
□ICTの欠点とはなんだと思うか。
〈場面指導について〉
□人間関係に悩んでる生徒が隣の生徒の席を替えてほしいと言ってきた場合，どのように対応するか。
→(面談する場合)生徒が面談の呼びかけに応じない場合，どうするか。
→(保護者に報告する場合)保護者にどのようなことを言うか。
→その後，その生徒が人間関係に悩んで学校に行きたくないと言いだした場合，どうするか。
→クラスでこの話を取り上げる場合，どんなことに気をつけるか。
□ある生徒が体育の授業でケガをし，保健室で対処したものの，家に帰ってからケガが悪化してしまい保護者からクレームがきた。どのように対応するか。
→保護者が「このことは教員委員会に報告する」と言った場合，どうするか。
→保護者に理解してもらうためには，どのように対応していくか。
□部活動について，保護者から土・日の練習は行わないでほしいと要望が出た場合，どのように対応するか。
□ある生徒の保護者から，「子どもが学校へ行きたくないと言っている」という連絡がきた場合，どのように対応するか。
□生徒の顔にアザがある場合，どのように対応するか。
□席替えはどのように行うか。
□ある生徒の保護者から「うちの子がいじめられている」と連絡がきた場合，どのように対応するか。
□学校の近隣住民から，「あなたの指導している部活動の声だしがうるさい」と言われた場合，どのように対応するか。

□夏休みの課題を出さない生徒に対して，どのように対応するか。
□ある生徒の保護者から，「子どもが持っていた高級なペンがクラスで盗まれたため，犯人を探して欲しい」と言われた。どのように対応するか。
□ある生徒の保護者から，「うちの子どもが生徒Aと同じ班は嫌だと言っているので，席を替えて欲しい」と言われた。どのように対応するか。
・「単元指導計画」と「場面指導」は詳しく質問されるので，しっかりと準備すること。とくに場面指導は問題数が少ない代わりに何度も突っ込んだ質問をされる。また，単元指導計画は，評価について詳しく聞かれた。
・具体的に書かれていない項目は特に掘り下げて質問されるので，答えに自信のあるものは，あえて抽象的に書くことも有効かもしれない。
・東京都は堂々とブレずに話すことが大切であると感じた。本番の面接よりも，大学の面接練習の方が質問数も多く，詳しく聞かれた印象がある。圧迫もないので話しやすかった。
・皆，授業を行いやすい似たような単元を選ぶので，他の人が選ばないようなところの計画案を作成した方がアピールできると思う。
・単元指導計画や場面指導について，「本当にできるのか」「そうすることで生徒の学力は本当に伸びるのか」という質問がされるが，自信を持って自分の思ったことを伝えたい。

▼中高理科
【質問内容】
〈面接票について〉
□なぜ教員を志望したのか。
□恩師から学んだことで一番印象深いことはなにか。
□なぜ中学校を志望するのか。
□今まで取り組んできた部活動について詳しく説明しなさい。

□なぜ東京都を志望するのか。
□今までに成果をあげた経験について説明しなさい。
□教育実習で学んだことはなにか。
□集団面接において言えなかったこと，付け足したいことがあれば言いなさい。
□特別支援の生徒に対して，通常級の生徒は関わりづらいと感じることもあると思うが，それに対してはどう対応するか。

〈単元指導計画について〉

□なぜこの単元にしたのか。
□前後にどのような単元を扱うか。
□なぜ定量的な実験が大切なのか。
□定量的な実験は地味であるが，どのように生徒に興味を持たせるか。
□生徒がつまずきやすいのは何時であるか。
□つまずかないためにどうするか。また，つまずいた生徒にはどう対応するか。
□40人を1人で見るに当たって，実験の危険防止はどうするか。
□クラスには，勉強ができる子，できない子，学校に来るのもままならない子など，色々な生徒がいるが，どのように指導するか。

〈場面指導について〉

□遅刻した生徒への対応
□生徒が道路に広がって歩いていると地域の人から苦情の電話があった。どのように対応するか。
□授業中，ある生徒が「先生の授業はつまらない」と言って教室を出ていってしまった。このとき，あなたはどのように対応するか。
□実験中，ふざけている生徒がいる場合，どのように対応するか。
→あなたが注意しても言うことを聞かなかった場合，どうするか。
□ある生徒の保護者から「自分の子どもがいじめられている」と電話がきた場合，どのように対応するか。
□ある生徒の保護者から「子どもが夜通し遊び歩いていて家に帰ってこないから，先生から指導してほしい」と言われた。どのように対応するか。
・「それでもだめだったらどうするか」と何度もつっこまれた。

▼中高英語
【質問内容】
〈面接票について〉
□中学と高校のどちらの教員になりたいか。
□どの部活動の指導ができるか。
→自分がやったことがない部活動の顧問はできるか。
□今日，部活動に関する問題が増えているが，部活動も教員の仕事だと考えるか。
□教育実習を通じて学んだことはなにか。
□東京都の魅力はなにか。
□どのような英語の授業をしていきたいか。
〈単元指導計画について〉
□この単元をこの時期に学ばせる理由はなにか。
□どのように生徒に理解させるか。
□どのようにして主体的な活動を取り入れるか。
□今日があなたの英語の授業の初日だと思って挨拶しなさい。
〈場面指導について〉
□授業中，いつも寝ている生徒がいる。どのように対応するか。
→「あなたの授業がつまらないから寝てしまう」と言われた場合，どのように授業を改善するか。
→授業を改善しても生徒の態度は変わらない場合，どうするか。
□授業中に騒いで他の生徒を傷つけるような生徒がいた場合，どのように対応するか。
□ある生徒の保護者から，子どもがまだ帰宅していないという連絡があった。どのように対応するか。
□ある生徒から，学校の授業(宿題・課題)より塾を優先させたいと言われた場合，どのように対応するか。

・面接票に関することなどの質問は15分，単元指導計画に関することの質問は5分，場面指導に関する質問は10分程度で行われた。
・私は，東京都の研修制度や「オリンピック教育」など，東京都だけにある部分を事前によく調べていたので，東京都の教師にどうしてもなりたいという熱意を伝えられたのだと思う。
・二次試験の対策は，一次の合否が出る以前にしておくこと。結果発表から面接まで2週間ほどの時間があるが，「面接票」や「単元指導計画」の準備があり，面接練習は思うように時間がとれなかった。
・面接を練習する機会は，合否にかかわらず参加したほうがよいと思う。面接の練習を実際にしてみたり，ほかの人の面接を参考にして，自分の意見を改善していくことができる。
・場面指導では，多くの場面を提示されるのではなく，ひとつの場面を深く掘り下げて質問された。特に「あなたが改善しても生徒は変わらなかった，どうするか」という質問は2回ほど聞かれた。
・場面指導の対策として，普段から『教職課程』の場面指導のページを読み込んだり，まとめておくとよいと思う。試験直前に見直すのではなく普段から頭に入れたり，それに対する考えなどをまとめておくと，しっかり対応できると思う。より多くの場面とその対応について知っておくとよいと思う。特に大学生はまだ教育現場での経験がないので，どのように対応すべきかなどは雑誌などで学ぶとよい。

▼中高保体

【質問内容】

〈面接票について〉

□なぜ保健体育の教員を目指したか。

□どのようなスポーツ歴があるか。

→そのスポーツの魅力はなにか。

□あなたの専門種目外の部活動を任せられた場合，どうするか。

→その部活動の前顧問は専門的指導者で，部活動を強豪に育てている。そのため，生徒から，あなたは専門ではないし指導もできないので顧問を替えてくれと要望があった。どうするか。

□どのようなボランティア活動をしてきたか。

□あなたが教員になったとき，生徒に対してボランティア活動への参加を推進するか。

→ボランティア活動に参加することで，どのようなことが育めるか。

→学校ではどのような活動ができると思うか。

→祝日や勤務時間外でもやれるか。

□あなたが東京都で一番やりたいことはなにか。

□あなたが思うグローバルとはなにか。

□グローバルや国際的視点を保健体育の授業とどのように結びつけるか。

〈単元指導計画について〉

□なぜこの単元にしたのか。

□年間指導計画においてどのように位置づけるか。その理由とともに答えなさい。

□その学習によってなにを学ばせたいか。また，それは，生徒たちの生活にどのように生かさせるか。

□指導をする上で大切にすることはなにか。

□前後にどのような種目を扱うか。理由とともに答えなさい。

□一番力を入れたいのは何時のどんなことか。その理由とともに答えなさい。

□「関心・意欲・態度」，「技能」の評価はどのように行うか。

□「ドリルゲーム」の具体的内容について説明しなさい。

□安全指導はどのように行うか。

□単元指導計画はなぜこの単元にしたのか，本当にこの指導案でできるのかなど，細かく聞かれた。

〈場面指導について〉

□生徒の交通マナーに関する地域住民からのクレーム対応

□アザをつくってきた生徒への対応

□休み時間が終わって授業に行くと，居眠りをしている生徒がいる場合，どのように対応するか。

→後日，他の教員から「あなたのクラスで居眠りをよくする生徒がいる」と報告を受けた。どうやら同じ生徒のようだ。どうするか。

→(家庭との連携を図る場合)具体的にどのような話をするか。

□ある生徒の保護者から「自分の子がいじめられている」と電話がきた場合，どのように対応するか。

→被害者生徒にはどのような対応をするか。

→被害者生徒の保護者にはどのような対応をするか。

→保護者からいじめている子どもの名前が限定されなかったが，周囲の生徒へはどのように対応するか。

→被害者生徒から話を聞くと「いじめられていない」と言った場合，どうするか。

→周囲の生徒から話を聞くと，いじめがあるようだがどうするか。

→あなたは，いじめにはどのようなものがあるととらえているか。

→クラスでいじめのことを話すとしたら，まずなんというか。

▼養護教諭

【質問内容】

〈面接票について〉

□なぜ養護教諭を志望したか。

□なぜ東京都を志望したか。

□養護教諭の役割はなんだと思うか。

□島に赴任する可能性があるが，可能か。

□ボランティアではどのような活動をしたか。また，あなたがそこから学んだことはなにか。

→そこで苦労したことはなにか。

→それをどのようにして乗り越えたか。

〈単元指導計画について〉

□なぜこの単元にしたのか。

□この授業の前ではどのような授業をするか。
□どのように評価を行うか。
□この授業で予想される児童生徒の反応はどのようなものか。また，そのときの対処はどうするか。
□教科担任とのティーム・ティーチングである場合，事前の打ち合わせで気をつけることはなにか。
□ティーム・ティーチングにおけるそれぞれの教員の役割はなにか。
□この単元に協力的でない先生方にはどうするか。
□生徒指導で特に大切にしたいことはなにか。
〈場面指導について〉
□ある児童生徒の保護者から，処置が間違っているとの指摘を受けた。どのように対応するか。
□いつもおなかが痛いと言って保健室へくる児童生徒に対して，どのように対応するか。
□ある児童生徒が保健室に駆け込んできて，「窓ガラスに手を突っ込んで血だらけになった子がいる」と言ってきた。どのように対応するか。
→現場に向かい，まずなにをするか。
→他の教員になにを指示するか。
→その場にいる児童生徒たちになにを指示するか。
→救急車要請の判断は誰がすべきか。
→(校長であるとした場合)校長や副校長など，上司にあたる教員は全員出張でいない。どうするか。
・どれだけ予想しても，思いもしなかった質問をされることがある。そのためにも，ただ予想される質問に対する答えを用意するのではなく，自分のこれまでの経験やそこから得たことを振り返ってノートにまとめるなど，自分という人間をきちんと見つめ直すことが大切だと思う。私は対策としてそれらを行っていたため，自分の考えを自信を持って言うことができた。

▼高校工業

【質問内容】

〈面接票について〉

□今までの職務経験の中で成果を上げたことを詳しく述べなさい。
　→その経験を教員としてどのように生かすか。

□新学習指導要領について知っていることを，できるだけ言いなさい。

□工業高校にはやる気のない生徒もいるが，どのようにすればやる気が出るようになるか。

〈単元指導計画について〉

□なぜその単元を選んだのか。

□ICT機器(タブレット等)を使う時限やタイミングについて，どう考えているか。

▼中高特支

【質問内容】

〈面接票について〉

□なぜ教員を志望したか。

□なぜ東京都を志願したか。

□なぜ特別支援学校を志願したか。

□大学生活で一番がんばったことはなにか。
　→その活動で困難だったことはなにか。

〈単元指導計画について〉

□どのようなことを工夫したか。

□この単元の前後でなにをやるか。

□どのように評価するか。

□「ティーム・ティーチング」において，どのように連携するか。

・全ての質問に真摯に答えること。集団面接では他者との関わり方を見せる場であったが，個人面接は自分の考えを見せる場だと思う。

〈場面指導について〉

□清掃の時間，あなたが目を離したときに倒れた児童生徒がいた。どのように対応するか。
□授業中，ある生徒が「先生の授業はつまらない」と言って教室を出ていってしまった。このとき，あなたはどのように対応するか。
□休み時間中，教室で1人ポツンといる子がいた場合，どのように対応するか。
□授業中に騒いでいる生徒がいた場合，どのように対応するか。
□保護者から，「あなたの授業が下手でつまらない，学校全体としてレベルが低い」とクレームがあった。どのように対応するか。
□地域の人から「生徒が道路に広がって歩いていてうるさい」と苦情の電話があった。どのように対応するか。
・ボランティア等でしっかりと教育現場を見る，体験することが大切である。子どもの様子や教員の姿を見ることで試験に良い影響を与えられると思う。

◆実技試験(2次試験)

▼中高英語

Listening，Reading及びSpeakingのインタビューテスト(20分程度)
※面接官3人(外国人1人，日本人2人)　受験者1人　15分
【課題1】
□200語程度の英文の聴解とその英文の内容等に関する質疑応答
英文の聴解については，外国人教員が日本に来て経験した，英語のメニューが少ないこと，コンビニのおにぎりの含有物が読むことができないこと，アレルギーや含有物を翻訳してくれるアプリがあること，という話について，面接官が音読する。それを踏まえてなされる質問2～3問に回答する。
※メモをとっても構わない。
【課題2】
□200語程度の英文の音読とその英文の内容等に関する質疑応答
はじめに200語程度の英文を黙読し(3分間)，その後音読する。

〈英文内容〉

外国人と日本人が共生するための方法として，ものに頼ること，普段からコミュニケーションをとることを示す内容

〈質問内容〉

①共生するための方法としてあなたが重視するのは，ものに頼ることと，コミュニケーションをとることのどちらか。

②地方にも魅力はあると思うか。

③英語の力を授業内でどのように伸ばすか。

※主な評価の観点は，英文の聴解及び音読，英文の内容に関する質問への応答や意見表明等である。

・できる限り，相手を見て行うこと。

▼小中高音楽

【課題1】

□ピアノ初見演奏

ピアノ初見演奏A

ピアノ初見演奏C

【課題2】

□声楽初見視唱

声楽初見視唱B

声楽初見視唱D

【課題3】

□ピアノ伴奏付き歌唱

以下の7曲のうちから当日指定された1曲をピアノで伴奏しながら歌う。

①「赤とんぼ」(三木露風作詞　山田耕筰作曲)
②「荒城の月」(土井晩翠作詞　滝廉太郎作曲)
③「早春賦」(吉丸一昌作詞　中田章作曲)
④「夏の思い出」(江間章子作詞　中田喜直作曲)
⑤「花」(武島羽衣作詞　滝廉太郎作曲)
⑥「花の街」(江間章子作詞　團伊玖磨作曲)
⑦「浜辺の歌」(林古溪作詞　成田為三作曲)

※移調は可能とし，伴奏譜は指定しないので各自で用意する。
※主な評価の観点は，曲想にふさわしい表現の工夫及び基礎的な表現の技能等である。

・課題1はむずかしいので対策が必要である。拍子や臨時記号がどんどん変わるので，予見でしっかりチェックしておきたい。
・課題2は，後半がむずかしいので先に予見するといい。カンタンなところは絶対外さないこと，止まらないこと，声量を出すことが大事。
・課題3では，「生徒の前で見本として歌うように」と言われたので，声量が重要だと思う。
・初見は完璧に演奏することはむずかしいので，止まらないことを第一に，転調や拍子の変化に注意しながら演奏するとよい。過去問を見て，東京都の曲の独特の和声感やリズムに慣れておくことが大切である。

▼中高保体

【課題1】

□器械運動〔マット運動〕

倒立前転，側方倒立回転跳び1／4ひねり，伸膝後転，前方倒立回転跳び

【課題2】

□陸上競技〔ハードル走〕

40mハードル走

※スタートから第1ハードルまでは13m。インターバルは，7m，7.5m，8mから選択する。ハードルの高さは76cm(男女共通)。

【課題3】

□水泳

水中スタート，25m背泳ぎ，ターン，25m平泳ぎ

【課題4】

□球技〔ハンドボール〕

パス，ドリブル，シュート

【課題5】

□武道〔柔道〕

後ろ受け身，前回り受け身，大腰，支え釣り込み足

【課題6】

□ダンス〔現代的なリズムのダンス〕

課題曲「I WISH YOU WOULD」

実技試験の受験者にあらかじめ指定する課題及び課題曲に合わせたダンス60秒程度

※主な評価の観点は，体育実技を指導する上で必要かつ十分な技能の理解の状況，学習指導要領及び解説に示されている技能の習得の状況等としている。

・水泳では，注意事項として，速さは見ていないこと，途中足がついても歩かずにその場から再スタートすることが試験官から指示された。

・ダンスでは，課題曲のリズムの特徴をとらえ，変化のある動きを組み合わせるなどして，リズムに乗って全身で表現すること。

・水泳，ハードルで差が出ると感じた。柔道もかける足を間違っている人が多くいたので，実技の本でよく確認しておくとよいと思う。

▼小中高美術

【課題】

□色鉛筆による静物画(試験時間150分)

モチーフ：ペーパーナプキン，コマ，コマ回しひも，クリアカップ，金属べら

※主な評価の観点はモチーフの配置，構図，正確な描写，色鉛筆の特徴を生かした描写等である。

2017年度

◆適性検査　(1次試験)　15分

▼小学校教諭

【内容】

□部屋はきれいか，カラオケでよく歌う方かなどあてはまる方をマークしていった。

◆集団面接(2次試験)　面接官3人　受験者3～5人　40分

※事前に8つの課題が知らされ，当日その中から1つについて話し合う。最初に約2分間の考慮時間が与えられ，自分の考えを1～2分で発表する(挙手制)。その後，具体的な取り組みとそれに対する課題とその解決策について話し合う。今回の課題は，①自信をもって行動することができる力に関すること，②良好な人間関係を築く力に関すること，③役割と責任を果たすことができる力に関すること，④社会生活上のきまりに関すること，⑤望ましい勤労観・職業観に関すること，⑥社会的・職業的自立に関すること，⑦他人を思いやる心や生命を尊重する心に関すること，⑧社会の一員であることを自覚し，積極的に社会参画できる力に関すること，である。

※評価の観点は教職への理解，教科等の指導力，対応力，将来性，心

身の健康と人間的な魅力などである。

▼小学校教諭

【テーマ】

□他人を思いやる心や生命を尊重する心に関すること。

・教科指導，生活指導の2点について具体策をあらかじめ考え，どの課題が提示されても応じられるようにした。

▼小学校教諭

【テーマ】

□子供たちが自信を持って行動することができる力に関することについて，あなたの考えとこの力をつけていくための具体的な取り組みについて，90秒で発表してください。今から意見をまとめる時間を2分とります。2分が経過したらまとまった人から挙手して発表してください。

□今のそれぞれの方の発表を踏まえ，みなさんは同じ学年の担任団として，いまのそれぞれの方の示した具体策の中からより良い1つの方策を決め，その方策の課題点と解決方法をまとめてください。

▼中高国語

・司会は特に立てないと言われたので自分から発言してみた。

・10分くらい話していくと受験者の中には緊張がほぐれてくる人もいたので，発言が多い人中心で進めていけるが，なかなか関われない人もいたので適宜発言を促すなどし，制限時間内にまとめることができたのは好印象だったように思う。

▼中高数学

【テーマ】

□困難をのりこえて，役割と責任を果たす力を身に付けさせるためにはどうすればよいか。

・私は具体例を2つあげた。
・全体の意見を題意からそれないようにするとよい。

▼中高数学
【テーマ】
□良好な人間関係を築くことに関すること。
□上記テーマについて，同じ学年の学級担任として最も効果的な取り組みを1つ決め，それに対する課題と解決策を話し合い，まとめる。
※討論後の質問はなかった。
・受験者の意識をできるだけ統一したほうがよい。例えば，校種や学年を設定すると話しがスムーズに進む。

▼中高地歴
【テーマ】
□ 他人を思いやる心や生命を尊重する心に関すること。
□同じ学年の学級担任だとして，最初に発表した皆の案から1つ選び，それを実施するにあたっての課題とそれに対する方策を考える。
※討論後，特に面接官からの質問等はなかった。
※まず，校種と学年を設定してから話し合うのがよい。その上で，意見を1つに絞るため個々の意見の良さや必要な補充点を述べ合う。協調性とアイデア力と意見をまとめる力が求められている気がした。意見をむやみに否定したり，話し合いの筋から離れて，自分だけ目立とうとするとグループのほかの人に迷惑をかけるので，やめたほうがよい。
・最初の90秒の発表は絶対に時間内にまとめたほうがよい。
・控室では私語は厳禁だったが，席に座るときくらいでも同じグループになる人とは挨拶くらいはしておいたほうが討論に臨む気持ちも違ってくると思う。
・集団面接中，面接官は事前に渡されている面接票や単元指導計画をチェックしていたように感じ，話し合いをどの程度きちんと見てて下さっているのか不明。

▼中高公民

【テーマ】

□生徒が困難を乗り越えるために役割と責任を果たす力を身に付けさせる必要がある。そのために最も良いと思われる意見を1つ出して，その課題と解決策について話し合いなさい。

▼中高公民

【テーマ】

□「社会的・職業的自立について」

□みなさんは同じ学校の学年団の担任である。発表した中からひとつの解決策を選び，問題点をあげ，学年団としての具体的方策を出し，最後にまとめること。司会は立てても立てなくてもかまわない。

・発言回数が均等であった。

・学校内での総合学習，特別活動で普段からできることにする展開にし，職業調べや体験学習に流れが行かないようにしました。

・発言者に目線を合わせ，うなずくよう心がけた。

▼中高理科

【テーマ】

□生徒が良好的な人間関係を築くことができる力を身に付けさせるための取り組みに対する課題と解決策について。

▼中高理科

【テーマ】

□役割と責任を果たすことができる力に関すること。

・まず，想定する生徒の学年を設定，課題の力を養うためにはどうすればよいかを話し合い，具体案を出して方針をまとめる，といった流れになった。

▼中高英語

【テーマ】

□「生徒が自信をもって行動できること」に関して。

▼中高英語

【テーマ】

□「社会生活上のきまり(ルール)に関すること」について。

・発表の順番は挙手制なので，1番に手を挙げてアピールしたほうがよいと思います。

▼中高英語

【テーマ】

□社会の一員であることを自覚し，積極的に社会参画できる力に関すること。

▼中高英語

【テーマ】

□社会的，職業的自立について。

□上記テーマについて，学年の担任としてどのように取り組むか。

・集団面接で一番最初に自分の意見を述べ，グループ討論の口火を切って進行しようとした人が合格していた。自分も，自分の意見を一番最初に述べ，グループ討論の進め方などの口火を切った。

▼中学技術

【テーマ】

□他者や生命を尊重する心を育てるためにはどのようなことをしたらよいか。

・結論を最後まとめること。

・司会は特に必要ない。

▼中高保体

【テーマ】

□役割や責任を果たすことができる力を身に付けるためにどのような取り組みをしますか。

□5人は同じ学校の同じ学年のスタッフです。先ほど述べた5人の考えの中から，1つを選んで話を進めなさい。

▼特別支援(小学部)

【テーマ】

□社会生活上のきまりを守ること。

※討論では，全員の具体策の中から1つよいものを選び，それのよいところと課題を話し合った。

※受験生は同じ学年の担任一同という仮定であり，司会を決めるよう言われたが，決めずに進めた。

◆個人面接(2次試験)　面接官3人　30分

※受験者があらかじめ作成し面接当日に提出する「面接票」及び「単元指導計画」等を基にして，質疑応答を行う。ただし，音楽，美術，家庭及び技術の受験者は「ある題材に基づく一連の指導計画」を，また自立活動及び養護教諭の受験者は「学習指導案」を，それぞれ「単元指導計画」に代えて作成し，面接当日に提出する。

※個人面接の中では一部，場面指導に関する内容も含まれる。

※評価の観点は教職への理解，教科等の指導力，対応力，将来性，心身の健康と人間的な魅力などである。

▼小学校教諭

※集団面接と同じ面接官で社会人経験・単元指導計画・場面指導について聞かれた。単元指導計画は6学年の国語，算数，理科のうち1教科について任意の単元の指導計画を作成するとのことだった。

【質問内容】
□なぜ東京都の教員を志望したのか。
□自分は受動的か能動的か。
□話し合ってもお互いが意見を譲らない場合どうするか。
□この単元では基礎基本の力のどんな力が培われるか。
□基礎基本はどのような授業展開をしていけば培われるか。
□この単元でどんな準備が必要か。
□一言で指導の大切なことを表すとしたらどうするか。
□席を好きな人同士にしたいと言ってきたらどうするか。
□教室に一人でいることが多い子に気付いたらどうするか。
□国語の成績が1だった子の親から問い合わせがきたらどうするか。
□横並びで歩いている子がいたため苦情電話があったらどうするか。

▼小学校教諭
【質問内容】
(面接官1人目)
□受験番号，氏名を教えてください。
□あなたが教員を志望した理由を教えてください。
→担任の先生への憧れと言いましたが，その先生についてもう少し詳しく教えてください。
→その先生のような先生になるために何か努力してきた事はあるか。
□教員志望の中でも東京都の教員を志望している理由は何か。
(面接官2人目)
□受験教科の中の得意とする領域の中で国語科の言語活動領域，また，卒業論文の箇所にも国語科について書かれているが，卒業論文を中心に詳しく説明してください。
□今，社会から求められる能力とは具体的にどういうものだと考えているか。
□国語科ではどうか。具体的に述べよ。
□先ほど，さまざまな小学校にボランティアなどに行っていると言っていましたが，具体的にはどこの学校か。
→その中で気がついたことはあるか。
→学校ごとの違いは感じたか。
□キャンプの運営にもかかわったと言っていたが，具体的にはどのような事をしたか。
→□市の青少年課などとの交渉と言ったが，具体的にはどのような事か。
□1年の秋から部長と書いてありますが，それはどうしてか。
→先輩からの反発などはなかったか。
→部長をやる中で心がけたことはあるか。
→その事で成果が上がった事は何か。具体的なエピソードを述べよ。
→逆に，そのやり方で苦労をした事は何か。
□その部長の経験を教員としてどのように生かすか。
(面接官3人目)
□単元指導計画の授業を行う上で，子供たちの興味関心を引き付けるためにどんな工夫をするか。
□集団面接の中で基礎基本の定着と言い，この授業の中では文章を読む能力が基礎，基本になると思うが，どのように指導していくか。
□基礎，基本の定着以外に学習指導において大切な事は何か。
□アクティブラーニングという言葉を知っているか。
→どんな学習か。
(面接官1人目)
□あなたの学級で，朝，頬っぺたを腫らして登校してきた児童がいた場合，どのように対応するか。
□その間，教室の児童はどうするか。
□なかなか，保健室では話をしてくれない。どうするか。
→それでもだめだったら，どうするか。
□保健室からその子が戻ってきた時，教室が心配するような様子でざわついた。どうするか。
□放課後，保護者の方から「うちの子の物がなくなったと子供が話している。学校で探してみたが見つからないようだ。誰かに盗まれたと思うので犯人を捜してほしい」という電話が来た。どのように対応するか。

→探したが見つからなかった。そして保護者の方から「指導が甘いのではないか。もっとしっかり犯人を捜してほしい」という電話が来た。どうするか。

→なくなった物がゲーム等，学校に持ってきてはいけない物だった場合，どのように対応するか。

→この場合，他の先生や管理職の先生に何か伝えるか。

→物がなくなった事で，子供たちの間に不安が広まっていたらどう対応するか。

▼中高国語

【質問内容】

□なぜ教員を目指しているのか。

□教科指導について。

□授業についていけない生徒にはどう対応するか。

□授業妨害する生徒にはどう対応するか。

□補習に参加しない生徒にはどう対応するか。

(社会人経験から)

□自殺問題について。

□地域社会との交流について。

□クレームに対する姿勢について。

・日頃から関心を持ち，考えておくことが重要に思われた。

・かなり突っ込んだ質問をされた。

▼中高数学

【質問内容】

□志望理由について。

□教師を目指した理由について。

□単元指導の内容について，つまずきやすい点はどこか。また，教え方と注意点を述べよ。
□クラスで孤独な生徒がいたらどうするか。
□「いじめられている」と保護者から電話がきたらどうするか。
□地域の人に「生徒がうるさい」と電話がきたらどうするか。

▼中高数学

【質問内容】

□志望理由について。
□単元指導計画で重要部分はどこか。また，生徒はどこでつまずくと思うか。
□近所の方から部活動中うるさいと苦情がきたが，生徒にどう指導するか。
・一般論を話してもインパクトがないので，人間味のある答えをするよう心がけた。

▼中高地歴

【質問内容】

□志望動機について。
□自分が行っていた部活動について。
□時事問題に対する自分の考えを述べる。
□単元指導計画の中でグループ活動を行う際，どのようなことが考えられるか。
□教科が苦手な生徒，やる気のない生徒にはどう対応するか。
□工夫した点はどこか。
□「先生の授業つまらないんだよ」と言って，廊下にいる生徒にどう対応するか。
□保護者から「うちの子と苦手な子Bさんを，スキー教室で一緒の班にしないで下さい」と言われた。どう対応するか。

▼中高地歴

【質問内容】

□なぜ教員を志したのか。

□部活動の経歴について。

□ボランティア活動について(どのような活動だったか，困難だったことは何か，それをどう乗り越えたか，その経験を教育にどう活かせるか等)

□(単元指導計画について)なぜこの単元を選んだのか。

□(単元指導計画について)どの学年の，どの学期で行うのか。

□(単元指導計画について)あなたの教科はその学年で週何時間の授業があるか。

□(単元指導計画について)言語活動はどこに取り入れてあるか。また，時間が十分にとれているか，計画的に無理ではないか。

□生徒が授業中に私語をしているときの対処方法について。

□保護者が成績に文句を言ってきたときの対処方法について。

□地域の方から部活動の練習の声がうるさいとの苦情がきたときの対処方法について。

▼中高地歴

【質問内容】

□東京都の教員を希望する理由は何か。

□いろいろ職を経験されているようだが，職を決めるにあたってどういった観点から決めているか。

□(職歴に2年ほど空白の部分があったので)この期間は何をしていたのか。

□顧客対応の仕事を長く経験しているようだが，今までで一番ひどかったクレームはどういうものか。

□職務経験で教員に活かせると思う点は何か。

□あなたは周りからどのような人だと思われているか，またその理由は何か。

□(現在の職が小学生を相手にする仕事なので)中高の先生じゃなく，小学校の先生がよいのではないのか。
□中学の社会は3分野あるがどれが得意か。その理由も述べよ。
□(単元指導計画について)なぜこの単元を選んだか。
□この単元は2年でやることになっているがその根拠はあるか。
□ペアワークをさせる時間があるが，それはなぜペアワークなのか。
□グループワークでは何人が適当と考えるか。その理由。
□ワークシートの授業後の扱いはどうするのか。
□板書，およびノートとの兼ね合いはどうするのか。
□ICTの活用について。
□グループ学習の時に机間指導で，学習に参加しない生徒がいたらどうするか。
□単元指導計画にある以外の時間でグループ学習ができそうな時間について。
□遠足で仲の良い子と同じグループになれないので行きたくないと言う子にどうするか。親からそのことで電話があったらどうするか。
□保護者からうちの子がいじめられていると電話があった。どう対応するか。

▼中高公民
【質問内容】
□面接票について。
□東京都を志望した理由は何か。
□大学で頑張ったことは何か。
□教科指導についてどのような工夫をするか。
□自分の特技をどう活かすか。
□あなたが思う最も必要な教員の資質は何か。
□体罰についてどう思うか。
□インクルーシブ教育とは何か。
□部活の音でクレームがきた時，どのように対応するか。

□遠足の席について保護者からクレームがきた時，どのように対応するか。
□障害のある生徒を受けもつ際，どのような工夫をするか。
□学力の高い生徒・低い生徒それぞれにどのような指導を行うか。
・初めは雰囲気にのまれそうになるかもしれないが，自信を持って発言することを心がけ，しっかりと受け答えをするようにすること。

▼中高公民

【質問内容】
□教員を志望した理由について。
→(信念に合致していると言ったが)その信念なら他の職種でもよいのではないか。
□学生時代最もつらかったことは何か，具体的なエピソードを述べよ。
□(単元指導計画について)あなたは中学校を希望しているが，高校は希望しないのか。人事において高校を指定されたらどうするか。
□講師としての経験がないのに，どうやって単元指導計画を作成したのか。机上の空論なのか。
□設定理由，つまずきの改善工夫は何か。
□授業の予習・復習をどのくらいするか。
□いじめ対策において学校としての秘策は何だと考えるか。
□「登下校中の生徒が道路を広がって歩いて，危ないうえに騒いでうるさい」と近所から苦情の電話が入ったがどう対応するか。
→管理職への相談はよいが，今すぐ謝りに来いと強い口調で言われた上に管理職が不在ならどうするか。
・すべての質問において，簡潔にわかりやすく返答するように心がけた。
・自信がなくなると語尾が聞きづらくなることに注意した。
・爽やかさを最後まで貫いた。

▼中高理科

【質問内容】

□どうして教師を志望したか。

□なぜ東京都を志望したのか。

□ボランティアの内容について。

□ボランティアで大変だったことは何か。また，どのように克服したか。

□ボランティアを通して学んだことは何か。また，その経験をどう教育へ活かすか。

□教育実習を通して学べたことは何か。

□教育実習を通して大変だったことは何か。

□指導可能な運動部活動は何か。

□学生時代に1番頑張ったことは何か。

□単元指導計画について。

□授業に集中していない生徒にはどう対応するか。どのように集中させるか。

□教室から生徒が飛び出して行ったらどうするか。

□いじめを受けていると思われる生徒がいたらどうするか。また，誰に相談するか

□いじめの原因や当事者が判明したらどうするか。

□今まで普通だった生徒がいきなり不登校になったらどうするか。また，保護者に学校の責任だと言われたらどうするか。

□困ったときは誰に相談するか。

▼中高理科

【質問内容】

□そもそも教員になろうと思った理由は何か。

□なぜ東京都の教員になろうと思ったのか。

□教員になる上でのあなたのウィークポイントは何か。

□教育実習で学んだことを具体的に教えてください。

□教育実習での経験をどのように活かすか。
□授業中，ある生徒のグループが私語をやめない。あなたはどのように指導するか。
□部活動中，生徒がケガをした。あなたはどうするか。
□学校で生徒の私物がなくなってしまった。あなたはどうするか。
□様々な場面対応で大切なことは，どのようなことだとあなたは考えているか。
□(単元指導計画について)この単元は，どのような時期に実施するものか。
□この単元は，この時期より前に一度学習しているのか。
□この単元で，生徒がつまずきやすいところは，何時間目か。
□この単元で，習熟度が高い生徒と低い生徒の差が出てしまうのが何時間目か。また，その時間ではどのように指導するか。
□この単元での指導に当たっての工夫などを詳しく教えてください。
□理科の学力を上げるために必要なことは何か。
□グループ活動による授業のデメリットは何か。

▼中高英語

【質問内容】

□東京都を志望した理由は何か。
□今までの経験で苦労したことは何か，またそこから学んだことはあるか。
□自分の希望の部活以外をもたされることがあるが，その場合はどうするか。
□指導案について，なぜこの単元を選んだのか。工夫した点は何か。
□授業中，外へ出て行ってしまった生徒がいた。どのように対応するか。

▼中高英語

【質問内容】

□受験番号と名前。
□教員の志望動機について。
□なぜ東京都を志望するのか。
□高校の時の部活動と大学の時の委員会活動で苦労した点と，それをどう教職に生かしていくか。
□(単元指導計画について)なぜこの単元を選んだのか。
□(単元指導計画について)発表の活動を行うときに注意することは何か。
□先生になるまでの半年間，何をするか。
□なぜ前の会社を辞めて教職なのか。
□中高どちらを志望するか。
□保護者から子供を3日間休ませると電話があったらどうするか。
□保護者に信頼されるためにどうするか。

▼中高英語

【質問内容】

□エキサイトが収さまらない子への対応の方法を2～3つあげよ。
□東京都へ入ることがイメージできているか。
□指導上の弱点は何か。
□(単元指導計画について)なぜこの単元をえらんだのか。また，だれかに見てもらったか
□指導上の注意点について。
※場面指導は「教室で物がなくなる」「保護者への説明」「物は出てこなかった」という想定で質問される。

▼中高英語

【質問内容】

□25年も勤めていて，今何故転職するのか。
□もう少し早く教員になろうとは考えなかったのか。
□上司と言い争いになったことはあるか。

▼中学技術

【質問内容】

□保護者に「また同じ本棚を作ってるんですか。私の時代とやってること変わらないですね」と言われたらどのように対応するか。

□クラブの音がうるさいと住民から電話があった。どのように対応するか。

▼小中高家庭

【質問内容】

□東京都教員採用試験選考を受験した理由を教えてください。

□他府県を受験された経験はあるか。それと比べて，東京の先生方は熱意を持っているか。

□出身地では高校の募集はなかったのか。

□教員を志した理由を教えてください。

□これまで経験してきた職務経験を具体的に述べよ。

□職務のなかで特に困難なことはなかったか。どんなことが難しかったか。

□勤務している学校では，外国籍の生徒はいるか。

□今までの学校生活や職務でいさかいはおこらなかったか。

□習熟度別の授業について，習熟度が高い生徒，低い生徒それぞれどのように対応しているか。

□授業でよくできたと思った成果は何か。

□小・中・高と校種ごとの食育の推進についてはどう行うか。

▼中高保体

【質問内容】

□なぜ東京都を志望したのか。

□いじめが発覚して，どうやら教師側に問題があった。どう対応するか。

・質問は面接票に書いてあることを細かく聞かれる。

・集団面接を行った5名を順に同じ面接官で行う。1人30分なので，最後の人は2時間待ちになる。

▼特別支援(小学部)

【質問内容】

□教師になろうと思ったきっかけは何か。

□東京都の教員を志望する理由は何か。

□受けた研修の中で一番良かったと思う研修は何か。それをどう役立てるか。

□担任をしている中で，一番大変な児童の実態は何か。

□どういうふうに他の児童と関わらせているか。

□英語は今，どのように指導しているか。

□(単元指導案について)単元を選んだ理由について。

□(単元指導案について)児童同士にどのような関わり方をさせるか。

□保護者から，「今日バスから降りてきたらアザがあった。朝はなかったがどういうことか」と言われた時，どう対応するか。

□授業中児童がパニックを起こした時，同じ教室で指導していた先輩教員が，「この子は甘えでわざとパニックを起こすようにしている。自分が担任なのだからこの子のことは一番わかっている。このまま授業を受けさせる」といった時，どう対応するか。

□同僚と意見が対立したらどうするか。

□なぜ学校はチームとして対応することが大切なのか。

□児童理解のために大切なことは何か。

□保護者に「この子にはこれをやらせてほしい」と，無理な課題を要望されたらどうするか。

□保護者対応のために大切なことは何か。

◆実技試験(2次試験)

▼中高英語

※内容は，200語程度の英文の聴解とその英文の内容等に関する質疑応答，200語程度の英文の音読とその英文の内容等に関する質疑応答であった。

【テーマ】

□"delivery service" について

▼中高英語

※実技の前にあいさつ会話や交通手段，昼食，今の気持ちについて，軽い会話を行った。

※実技は同様のテーマについてリスニングと，リーディングを行う。

【テーマ】

□Olympic Hospitalの設置，運営について

※パッセージをみながらの質問と，外国人に対しどんな日本文化を紹介したいかについても問われた。

・対策のひとつとして，英字新聞などを読み，文章に慣れておくこと。

▼中高英語

【課題】

※リスニングでは面接官が英文を読み上げた後，その内容について2つの質問に答える。リーディングでは，英文の書かれたB5用紙を渡され，3つの質問について，英文を見ながら答える。英文は英検準1級レベルであった。

※リーディングとリスニングのトピックは同じである。

【テーマ】

□オリンピック病院について。

※主な評価の観点は，英文のリスニング及びリーディング，英文の内容に関する質問への応答や意見表明等である。

▼小中高音楽

【課題1】

□ピアノ初見演奏

ピアノ初見演奏A

Andante

mp espress.

mf

rit.

【課題2】

□声楽初見視唱

声楽初見視唱B

声楽初見視唱D

【課題3】

□ピアノ伴奏付き歌唱

以下の7曲のうちから当日指定された1曲をピアノで伴奏しながら歌う。

①「赤とんぼ」(三木露風作詞　山田耕筰作曲)
②「荒城の月」(土井晩翠作詞　滝廉太郎作曲)
③「早春賦」(吉丸一昌作詞　中田章作曲)
④「夏の思い出」(江間章子作詞　中田喜直作曲)
⑤「花」(武島羽衣作詞　滝廉太郎作曲)
⑥「花の街」(江間章子作詞　團伊玖磨作曲)
⑦「浜辺の歌」(林古溪作詞　成田為三作曲)

※移調は可能とし，伴奏譜は指定しないので各自で用意する。

※主な評価の観点は，曲想にふさわしい表現の工夫及び基礎的な表現の技能等である。

▼中高保体

【課題1】

□水泳(25mバタフライ，ターン，25m背泳ぎ)

【課題2】

□武道(剣道：正面打ち，小手打ち，胴打ち，切り返し)

【課題3】

□ダンス(創作ダンス：実技試験の受験者にあらかじめ指定する課題及び課題曲に合わせたダンス60秒程度)

【課題4】

□球技(サッカー)

【課題5】

□器械体操(跳び箱運動：かかえ込み跳び(7段横) → 開脚伸身跳び(7段縦) → 屈伸跳び(7段横))

【課題6】

□陸上(走り高跳び)

※主な評価の観点は，体育実技を指導する上で必要かつ十分な技能の理解の状況，学習指導要領及び解説に示されている技能の習得の状況等としている。

▼小中高美術

【課題】

□色鉛筆による静物画(モチーフは植木鉢，スーパーボール，ポリ袋，はちまき2本(赤・黄)である)

※試験時間は150分である。

※主な評価の観点はモチーフの配置，構図，正確な描写，色鉛筆の特徴を生かした描写等である。

●書籍内容の訂正等について

弊社では教員採用試験対策シリーズ（参考書，過去問，全国まるごと過去問題集），公務員試験対策シリーズ，公立幼稚園・保育士試験対策シリーズ，会社別就職試験対策シリーズについて，正誤表をホームページ（https://www.kyodo-s.jp）に掲載いたします。内容に訂正等，疑問点がございましたら，まずホームページをご確認ください。もし，正誤表に掲載されていない訂正等，疑問点がございましたら，下記項目をご記入の上，以下の送付先までお送りいただくようお願いいたします。

① **書籍名，都道府県（学校）名，年度**
（例：教員採用試験過去問シリーズ　小学校教諭 過去問　2025 年度版）
② **ページ数**（書籍に記載されているページ数をご記入ください。）
③ **訂正等，疑問点**（内容は具体的にご記入ください。）
（例：問題文では“ア～オの中から選べ”とあるが，選択肢はエまでしかない）

〔ご注意〕
○ 電話での質問や相談等につきましては，受付けておりません。ご注意ください。
○ 正誤表の更新は適宜行います。
○ いただいた疑問点につきましては，当社編集制作部で検討の上，正誤表への反映を決定させていただきます（個別回答は，原則行いませんのであしからずご了承ください）。

●情報提供のお願い

協同教育研究会では，これから教員採用試験を受験される方々に，より正確な問題を，より多くご提供できるよう情報の収集を行っております。つきましては，教員採用試験に関する次の項目の情報を，以下の送付先までお送りいただけますと幸いでございます。お送りいただきました方には謝礼を差し上げます。
（情報量があまりに少ない場合は，謝礼をご用意できかねる場合があります）。
◆あなたの受験された面接試験，論作文試験の実施方法や質問内容
◆教員採用試験の受験体験記

送付先
○電子メール：edit@kyodo-s.jp
○FAX：03-3233-1233（協同出版株式会社　編集制作部 行）
○郵送：〒101-0054　東京都千代田区神田錦町 2-5
協同出版株式会社　編集制作部 行
○HP：https://kyodo-s.jp/provision（右記の QR コードからもアクセスできます）

※謝礼をお送りする関係から，いずれの方法でお送りいただく際にも，「お名前」「ご住所」は，必ず明記いただきますよう，よろしくお願い申し上げます。

教員採用試験「過去問」シリーズ

東京都の
論作文・面接 過去問

編　集　　© 協同教育研究会
発　行　　令和6年1月25日
発行者　　小貫　輝雄
発行所　　協同出版株式会社
〒101-0054　東京都千代田区神田錦町2-5
電話　03－3295－1341
振替　東京00190－4－94061
印刷所　　協同出版・POD工場

落丁・乱丁はお取り替えいたします。